ドイツから学ぶ「官僚支配」から「官僚奉仕」

日本の民主的革命

関口博之

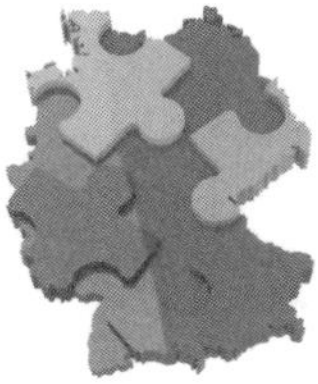

地《ぢ》湧《ゆう》社

はじめに

今の日本は表向きは公正であるこ民主的革命とが求められていますが、不正が止めどもなく湧き上がってくることから、深層では公正さよりも利益が優先される社会であることを否めません。

身近に危機が感じられるのは、国民の圧倒的多数が特定秘密保護法案（戦前の治安維持法ともいえるような法案）や安全保障関連法案（集団的自衛権を認める法案）に反対、もしくは熟慮を求めているにもかかわらず、時の首相が「国民は将来この決断を理解してくれる」といった発言で強行採決し、立憲主義を無視していることにあります。

さらに日本の財政債務（借金）も２０２０年の財政健全化を目標に掲げることで、実際はますます肥大し、その上最大の収入財源となるべき収益大企業の税金が（法人税・90年代の50パーセント台から20パーセント台へと）絶えず引下げられています。

政府総債務残高（対GNP比）の推移（1980～2015年）

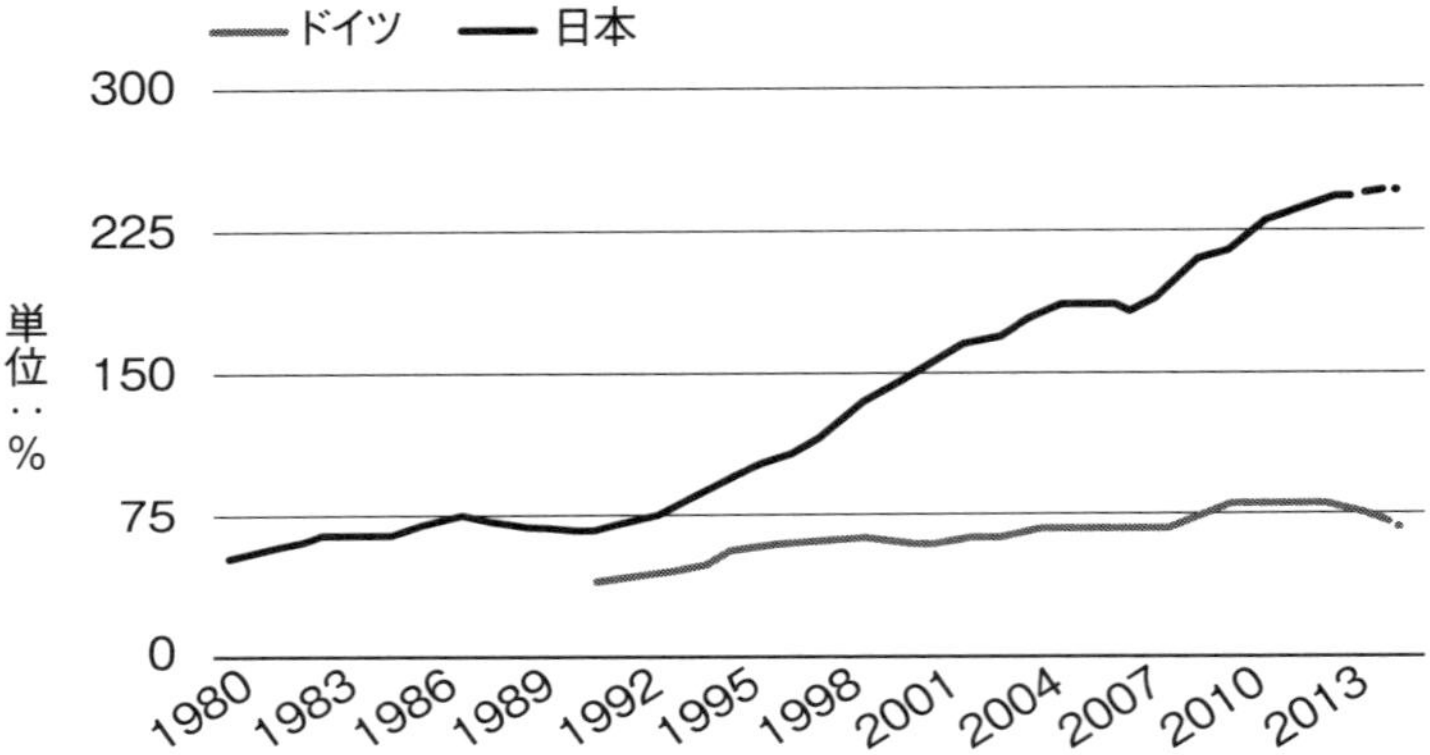

2015年の国や地方の合わせた債務残高は1229兆円（ＩＭＦ推計）

出典「世界経済のネタ帳」

その結果日本の債務残高は上の図でも明らかなように、２０１５年のＩＭＦ公表で１２２９兆円に達しています。

そうしたなかで今年２０１６年４月３日に世界を震撼させる「パナマ文書」が公表され、大企業やひと握りの裕福者たちのタックスヘイブン（租税回避地）での租税回避疑惑が、何十万件もの具体的取引の記録を通して国際調査報道ジャーナリスト連合（ＩＣＩＪ）の76カ国４００人のジャーナリストによって検証され、70年代から巨額の租税回避がなされていることを明らかにしました。

それはまさに、富の再配分が機能しなくなる理由を物語っています。

すなわち究極的には、富を収奪するひと握りの裕福者が合法的に税を支払わず、貧困へと没落していく99パーセントの弱者の市民だけが税を支払う方向へと向かっています。

それは、将来日本が破産するしかないことを示唆していると言っても過言ではないでしょう。

すでに多くの国民はそのような絶望的未来を実体験から予感しており、独裁的な救世主の出現を待ち望んでいると言えるでしょう。

そのような背景こそが、アベノミクスというハーメルンの誘惑的音色を奏でる官僚支配丸なげの安倍政権誕生に他ならず、国民はその音色に3年以上も騙され続け、未だに多くがついて行こうとしています。

その行き着く先は、国家破産しないための海外進出であり、戦前の富国強兵の過ちを繰り返す官僚独裁国家（大本営）に他なりません。

もっともこのような戦争への傾斜は、日本だけで起きていることではなく、新自由主義を推進する世界の国々で起きています。

そのような戦争傾斜の根本的原因は、終焉を向かえつつある化石燃料産業社会が「盛者必衰の理《ことわり》」を忘れ、新自由主義による世界支配で永遠の繁栄を維持しようとすることにあると思われます。

ドイツにおいても、そのような新自由主義支配がドイツ統一以降少なくとも２００８年の世界金融危機まで進行して行きましたが、危機を契機として化石燃料エネルギーから自然エネルギーへのエネルギー転換を開始するなかで、戦後の弱者を支える社会的市場経済が蘇って来ています。

すなわちドイツはグラフで見るように、健全な均衡財政を２００８年の世界金融危機以降徐々に実現し、２０１５年には新規国債発行ゼロを開始したにもかかわらず、１９４億ユーロの歴史的黒字に成功しています。しかも財政の歴史的黒字は同年1月から８・５ユーロという最低時間給制度導入のなかで実現されており、自然エネルギーへのエネルギー転換が進展を通して未来に向かって輝いて見えます。

ドイツが希望ある未来へと進むことができるのは、本質的にはドイツ国民の選択にありますが、それを可能にした原動力は戦後ドイツの「国益のための官僚支配から国民のための官僚奉仕への転換（民主的革命）」に他なりません。

そのような希望ある未来を創りだしているドイツの民主的革命は、官僚支配の日本だけでなく、官僚支配される世界の国々、さらにはＥＵから国連までを希望ある未来に変え得る可能性を示唆しています。

本書では、具体的に日本が今ドイツから学ぶべき「国益のための官僚支配から国民のための官僚奉仕」への民主的革命を通して、迫り来る日本の危機、そして世界の危機にいかに対処すべきかを述べるだけでなく、危機を力としてどのように希望ある未来を切り拓くかを述べています。

もくじ

第1章

ドイツは今何処へ行こうとしているのか？

——垣間見えてきた理想社会

化石燃料エネルギーから自然エネルギーへの革命

１９９８年のドイツ電力自由化で、地域にひとつの電力企業契約という法的規制が取り払われると、これまで地域で育成された既存の電力企業に加えて、新たに約１００社が新規参入し、値下げ競争によって当初の数年は電気料金は30パーセントまで値下がりしました。

しかし競争が激化すると圧倒的に大資本が有利になり、２００３年頃には新規参入したほとんどの企業が壊滅するだけでなく、従来の既存電力会社も巨大電力企業エーオン、アール・ヴェー・エー、バーテン・ビュルテンベルク、ヴァンテンフォール（スウェーデン巨大国有企業）の4大企業に支配されていきました。

すなわち電力価格市場が巨大電力企業に独占支配され、２００２年から２００７年の間に電気料金が2倍以上値上がりしました。

そこでのドル箱は既存の原発であり、電気料金の値上がりで四大電力企業は莫大な利益を得ていました。

しかしそれらの原発は２００２年のシュレーダー政権での「脱原発協定」で２０２０年代までに全廃を決めていたことから、17基の原発運転期間延長、さらには脱原発協定に見直しを求め、激しいロビー活動で当初メルケル政権から28年間の運転期間延長を引き出すことに成功しました。

その利益額は、28年間運転期間を延長するだけで、民間専門機関の確かな資料計算で２２５０億ユーロ（当時の1ユーロ１４０円で31・5兆円）を超えるものとなり、まさに四大電力企業にとって天にも登るものでした。なぜなら原発の製造する電力は1基１００万キロワットであれば、運転時は24時間毎時１００万キロワットの電力が原発期間延長でコストをかけないで定量的に製造されるからです。

さらに巨大電力企業は最もコストの安い電力を石炭火力発電所で大量に製造することから、市場で高騰する電力価格のなかで暴利をむさぼっていました。

しかもその暴利の原因は、１９９１年に始まった太陽光などの再生可能エネルギーを20年間電力会社が固定価格で買取る再生可能エネルギー法（ＥＥＧ）改正で電気料金の高騰分を市民だけに押し付けたことにありました。すなわち狡い巨大電力企業はＥＥＧ改正で不安定で扱い難く、高コストの再生可能エネルギーを市場（電力取引所）で投げ売り、差額を一般電力消費者から再生可能エネルギー賦課金として徴収する仕組みを、ロビー活動で構築したからです。

それは再生可能エネルギーが増えるにしたがい、昼間は市民などが作る太陽光エネルギーでますます市場電力卸売価格を下げ、卸売価格では買えない一般電力消費者の賦課金をますます増大させ、電力価格が高騰する悪循環を引き起こしていきました。

しかし２０１１年のメルケルの脱原発宣言で暴利をむさぼっていた巨大電力企業の立場が一転しました。

すなわちこれまで巨大電力企業は再生可能エネルギーが原発や石炭火力と共存できない理由から（石炭火力も一定電力を生み出すには時間がかかり再生可能エネルギーとの併用はできない）、

市場に投げ売り、その結果電力卸売市場価格を1キロワットあたり4セントを割るまでに下げ、もはや市民の作る再生可能エネルギーを市場支配できないばかりか、化石燃料で電気を製造すればするほど損失を増大させました。

実際四大電力企業の２０１１年以降の収益は激減するだけでなく、実質的には大幅な赤字に転落しています。

例えば毎年20兆円近い売上を誇るヨーロッパ最大のエーオンは、収益だけ見れば２０１１年に24億ユーロの赤字転落後、２０１２年、２０１３年はわずかばかり黒字を計上していますが、２０１１年には7万９０００人であった従業員を２０１３年までに6万２０００人削減し、さらにこれまで巨額な投資をかけた化石燃料発電所の売却で凌ぐまでに追い込まれました。

その結果２０１４年11月30日のドイツメディアは、一斉にヨーロッパ最大の巨人エーオンの化石燃料エネルギーから再生可能エネルギー電力事業の転換を世界に伝えました。具体的には２０１６年までにエーオンは会社を2分割し、従来の原子力、石炭、天然ガス事業を従業員2万人の新会社に切り離し、本体は従業員4万人の再生可能エネルギー事業とその送電網事業および顧客サービス事業に専念するとしています。

そこには化石燃料エネルギー支配の終焉が感じられると同時に、自然エネルギー支配に向けて巨人の自信も感じられます。

しかしながら大量生産、大量消費の化石燃料エネルギーでは大きいことが最大のメリットであっても、自然エネルギーでは最大のデメリットになるでしょう。

なぜなら巨大なメガソーラーや洋上風力発電で製造される電力はエネルギー損失が大きく、巨大な電力網建設を必要とするからです。それに対して地域で必要量を小規模製造する市民がつくるエネルギー協同組合や自治体の電力自給が圧倒的に有利であり、どのように巨大電力が力を尽くしても、多くの専門家が指摘するように徐々にその役割を失っていくことは明白です。

不正が生み出されない社会

20世紀は大量生産、大量消費が人類の暮らしに比類なき豊かさをもたらしましたが、その反面地球環境を悪化させ、水俣病をはじめとする公害や原発事故などで多くの人びとを犠牲にしてきたことも確かです。

しかも21世紀に入るや競争が加速し、利益追求がすべてに優先されることから不正が次から次へとあふれ出しています。それはドイツでも同じであり、昨年２０１５年、世界に露顕したフォルクスワーゲン不正から、２０１６年の「パナマ文書」のように、多くの企業による不正が明るみに出ています。

もっとも日本では企業不正が次から次へと洪水のようにあふれ出しており、昨年の東洋ゴム、東芝、旭化成、化血研、そして今年の三菱自動車やスズキ自動車まで絶えることがありません。

そのような不正をメデイアが追求していくと、究極的には「問題のある報告書など受取れない。目標を達成する報告書しか受取れない」という不正強要が垣間見えてきます。すなわち大量生産大量消費の産業社会がボトム競争を強いられるほど競争が激化し、利益追求が最優先されることで、企業代表が涙を流して「二度と同じ過ちをしません」と明言しても、東洋ゴムや三菱自動車に見られるように何度でも繰り返されています。

またそのような大企業の意図的不正とは別に、大量生産大量消費の産業社会が不正を生み出していることも事実です。

例えばペット産業では、つい最近ＮＨＫの「クローズアップ現代」で放映された『追跡！　ペットビジネスの闇』（2016年5月26日放映）では、1兆4000億にも上るペット市場がブリーダー、ペットオークション、ペットショップという大量生産大量消費の仕組で悪質な〝引き取り屋〟を生み出している実態を描いていました。

具体的には、全国いたるところにあるペットショップでは毎月長期に売れ残った数十匹にも上るペットが、有料で〝引き取り屋〟に引き取られ（過剰なペットはブリーダー、ペットオークションでも同様）、〝引き取り屋〟は適切な世話をせず衰弱させて殺すという実態です。なぜなら、ペットを安い金額で引き取った〝引き取り屋〟が、適切な世話をしたのでは倒産に追い込まれることが目に見えており、巨大なペット市場が売れ残ったペットを暗黙に衰弱させて殺すことを強要していると言えるでしょう。

したがって悪質な〝引き取り屋〟の不正（動物愛護法に触れる犯罪）は、摘発されても次から次へとあふれ出してきます。

さらに言えば、大量生産大量消費では絶えず〝過剰〟が生み出され、例えば売れ残った加工食品だけでなく、過剰な魚や野菜が廃棄されること自体も、飢えに苦しむ何億もの人たちの視点から見れば不正以外の何者でもありません。

そのような大量生産大量消費を生み出した化石燃料産業社会は、すでにドイツで見られるように終焉を迎えているにもかかわらず、力による支配で生き延びようとますます利益追求を膨らましていることから、地球温暖化からシリア戦争、そして社会にあふれ出す不正が止まらないのだと言えるでしょう。

確かにエネルギー転換を開始したドイツでも、究極的にエネルギー転換の自然エネルギー産業社会が地域での適正生産適正消費へと導くにもかかわらず、次々と不正が明るみ出てきていることも事実です。

しかしそれは私から見れば、不正が求められる日本とは逆に、公正が求められるゆえに不正があぶり出されているように見えます。

実際ドイツでは巨大企業シーメンスの海外での役人の贈賄マニュアルは内部告発で明るみに出され、フォルクスワーゲンの排出量不正も内部から環境団体を通して出されています。

今回、「パナマ文書」問題がドイツの新聞社によっておおやけにされたことは、ドイツ全体が公正さを追求しているからに他なりません。

豊かさが永続されるエコロジーな暮らしを可能にする社会

世界的に人類史研究で著名なカリフォルニア大学のジャレド・ダイアモンド教授は、NHK制作の『アジア巨大遺跡　第4集「縄文　奇跡の大集落　～1万年　持続の秘密～」』（2015年11月8日放映）で、三内丸山古墳から明らかになった、富を蓄積しない狩猟採集民が多くの人口を養う持続可能な社会を作り出していたことを絶賛しつつ、次のように述べました。

「現代において私たちは、自然の資源を縄文人のように持続的に扱っていません。その結果、破綻が秒読み段階にきています。縄文の知恵から私たちは何を学ぶべきなのか、それは自然を持続的に活用する方法です。私たちの子や孫だけではなく、次の1万年を生きる人々のためにも学ばなければなりません」

実際、花粉などの研究からクリを植えて実を常食としていたことがわかってきており、出土品の研究から自然の恵みを、渋抜き、アク抜き、毒抜きで豊かな食料に変え、ドングリや魚介類を煮炊きし、装飾品として粘土や石でつくられたペンダントや耳飾り、動物の骨や牙でつくられたヘアピンやペンダント、赤漆が塗られた櫛を身に付け、手には木の皮で編みこんだ縄文ポシェットをぶら下げていた豊かな暮らしが垣間見られます。

もっとも縄文文明がどのように優れた文明であっても、2016年現在73億人にも膨れ上がった世界で縄文人のように自然の恵みを享受し、富を蓄積しないで人々が分ち合って豊かに暮らすことは、神の出現なくしては不可能に見えます。

しかしながら、エネルギー転換ですでに電力地域自給率100パーセントを達成しているドイツの多くの自治体を見るとき、その未来は縄文人のように自然の恵み（自然エネルギー）を享受し、過剰となる自然エネルギーを自動的に水素へと変換することで、ほとんど富の蓄積を必要としない社会が見えて来ます。

例えばブランデンブルク州の農村プレンツラウでは2009年よりハイブリッド電力完全自給プロジェクトに取組み、2011年には運転を開始させています。

このハイブリッド完全電力完全自給では、風力発電で電力が過剰になる水素を製造し、電力不足時はその製造された水素とバイオガスを混ぜ、コージェネ発電（熱電併給）によって、電力をまかなっています（動画参照 https://www.youtube.com/watch?v=t8QipGMtPSw）。

すでに北ドイツでは、風力発電によって電力自給率200パーセントを超える自治体が続出しており、ハイブリッド電力完全自給プロジェクトによれば自治体には絶えず水素として蓄えられたエネルギーがあり余り、ほとんどのものを人と膨大なデータを利用できる装置を協調させるインダストリー４・０技術で必要なものだけを自治体で適量生産することも可能です（『インダストリー４・０の地平線(1)～(5)』参照　https://www.youtube.com/watch?v=zVhiPqQ59wU）。

もちろんエネルギーの自立をする自治体では、過剰にあり余るエネルギー利用でマンゴーやパパイアなどの熱帯果実も温室で栽培でき、農作物もＧＰＳ装備の無人水素農業機械の夜間使用で自給自足され、さらに、麻や乾草などの植物性化学原料も栽培されます。

そして将来の家庭での電力は、防災面からも完全自給が好ましく、ドイツでは各家庭での完全自給が２０５０年には実現するでしょう。

それは家庭の太陽光発電で製造する電力が、再生可能エネルギー法での買取価格よりもすでに下がっており、家庭で電力自給した方が現在でも断然有利だからです。

しかも家庭での完全自給はすでに見えてきており、ドイツの再生可能エネルギー企業フロニウス社は、すでに２０１０年から家庭での電解装置（高圧水電気分解機器）を販売しています（フロニウス社動画参照　https://www.youtube.com/watch?v=LJUXzFRCFRs&feature）。

フロニウス社の考える４人家族の電力完全自給は、太陽光パネル６キロワット（60平方メートルの設置面積で年間約6000キロワットの電力製造)、水素自動車を加えるなら年間走行距離12000キロであれば年間100キロほどの水素製造が必要であり、太陽光パネル2キロワット(20平方メートルで約2000キロワット)を追加すればよく、各家庭で80平方メートルの太陽光パネルを備えることは十分可能です。

そのように自然の恵みだけで営まれる未来社会では、雇用形態も現在からは想像できないほど変わり、究極的には自治体市民は自治体運営のセクターで働くことになるでしょう。もっともドイツのインダストリー4・0技術(ロボットや人工知能)は人から労働を奪うものではなく、協同して働くことで、例えば週休3日の6時間労働でより快適で楽しい労働環境になるはずです。

確かに利益競争の化石燃料エネルギー産業社会では、2016年1月19日の世界経済フォーラム(WEF)が分析報告したように、ロボットや人工知能(AI)の台頭により、今後5年間で世界15カ国の労働市場から、約510万人雇用を奪うと予測していますが、人の幸せを目的とする自然エネルギー産業社会では哲学者サルトルの唱えたように、自由に向けた人間の活動(働くことを含めて)が究極的には趣味となり暮らしを支えるでしょう。

それゆえにすべてがロボットや人工知能に託されることは本末転倒であり、自動車の運転さえも自治体内では原則的に人が運転すべきだと思います（運転のできない障害ある人の運転自動化、事故を予測して対処する自動制御システム、そして高速道路の運転自動化は必要ですが）。

もっともそれは自然エネルギー産業社会に生きる市民が遺伝子技術による生命倫理を考えるように、どのようにロボットや人工知能を利用するか考える問題でしょう。

しかし確実に言えることは、自然エネルギーの産業社会は、富を蓄積せずに1万年間も持続してきた縄文文明のように、自由、公正、平等、永遠平和を実現し、さらにエコロジー運動の先駆者アンドレ・ゴルツが描いた人間の豊かで理想的生き方（週20時間の労働で、精神的により自由な、より高いレベルの生き方）を実現します。

第2章 ロビー支配克服に踏み出したドイツ

ドイツの天下りを誕生させたロビー支配

巨大電力企業が原発運転期間延長を求めてロビー活動を活発化させていた2007年頃のドイツは（私がドイツで学んだ2007年から2010年の4年間はドイツロビー支配の最盛期）、明らかに競争原理最優先の新自由主義に呑み込まれていました。

特に政治家とロビイストの関係はあからさまで、ベルリンでは約5000人とも言われるロビイストたちが連邦議会をフリーパスで出入りし、異常を感じないではいられませんでした。

もちろん新自由主義に反対する「ロビーコントロール（ロビー活動監視市民団体）」などの市民が激しく非難するだけでなく、著名なノーベル文学賞作家であるギュンター・グラスなどは「すべてのロビイストの政府内への立ち入りを全面禁止しろ」と紙面で訴えていました。*1

しかしそれとは逆に、ロビイストと事務所を共同で使用している政治家がメディアのインタビューで、「国益のためには必要である」と、堂々と居直る時代でもありました。

それは、新自由主義によって侵食される前の理想的ドイツを知る私には、「ドイツよ、お前もか！」と叫びたくなるほど衝撃的でした。

なぜなら私の知るドイツでは、政治家や官僚が昼食に接待することさえ贈賄として厳しく禁じられていたからです。

そのように衝撃的なほど悪しく変化したのは、１９９０年のドイツ統一でアメリカ資本が東ドイツ（ドイツ民主共和国ＤＤＲ）の莫大な資産を求めてなだれ込んだ時からでした。

すなわちコンサルタント企業マッキンゼイや法律事務所ホワイト・アンド・ケースのような弁護士でロビイストを兼ねる専門家を抱える企業が、綿密な戦略にのっとって信託公社の役人や政治家を巧妙に買収したことに端を発しています。

――そのやり方は後に、ドイツ巨大企業シーメンスのイラク、アルゼンチン、バングラデシュ、ベネズエラなど世界各地の様々なプロジェクトで手本とされ、関与する役人や政治家へのコンサルタント費用名目の多額な贈賄行為が、その手口を知り尽くしたアメリカ司法省で2006年に裁かれるという皮肉な結果を生み出しています。その際シーメンスは事実上全面的に認める司法取引に応じ、約10億ユーロの巨額な罰金を支払っています。

――

そのような利益最優先の新自由主義の侵食は国民の知らないところで急速に拡がり、ドイツでは法律さえ根底から変え、政治家への便宜も議決に関与しなければ合法化されていきました。すなわちロビイストとの意見交換は国益にとって必要であり、議決に関与しないかぎり、便宜を容認する法に改正されていったのです（1994年連邦議会での刑法108e条項改正法案議決）。

その結果ドイツでの政治へのロビー支配は、世に漏れれば犯罪として扱われる日本の場合と異なりあからさまでした。

例えば2010年の原発運転期間延長ではまさに露骨な介入がありました。2007年から2009年までに4基の原発が廃止されることから、ニーダーザクセン州の首相クリスティアン・ヴルフ（キリスト教民主同盟）は、ロビイストの唱える「原発電力のコストの安さ、地球温暖化ガスを排出しないクリーンさ、そして安全さ」を演説で強調し、「フィンランドやスウェーデンのように原発運転期間を延長しないことは国家財産の損失であり、早急な原発撤退はドイツの電気料金を高騰させる」と述べて、原発運転期間延長を訴えたのです。（WELT ONLINE www. welt. de, 18. 07. 2007）

また現在では緑の党の王国とさえ言われるバーデン・ヴュルテンベルク州では（当時はキリスト教民主同盟の長年の牙城）、廃止されるネッカーウェストハイム1号機の運転期間を延長するために、州政府閣僚たちが巨大電力企業エネルギー・バーデン・ヴュルテンベルク（ＥｎＢＷ）の延長戦略に関与していました。

すなわちネッカーウェストハイム1号機の取り決められた原発残存電力量を２００９年の選挙まで引き延ばすため、共謀して戦略書類「影の計画」が作られています。*2

そのようなロビー支配を許したドイツでは、これまで役人や政治家が退職後名誉職（ボランティア）として社会に貢献することが当然でしたが、悪しき日本を見習うように戦後ドイツにはなかった高給で再就職する天下り（vom Himmel herabsteigenn）が２０００年以降始まっています。（Schwarzbuch Deutschland 2009, 198f , 199f）（Liedtke, Ruediger : Das Energie

- Kartell. a. a. O.)

そのような天下りを誕生させるまでのロビー支配は、ドイツでは長く続きませんでした。端的にその理由を言えば、ナチズムへの反省から「国益のための官僚支配から国民のための官僚奉仕」への転換を実現させた戦後の民主的革命に他なりません。

具体的にはドイツでは、戦後の民主主義を〝戦う民主主義〟と言われるまでに成熟させ、チェルノブイリ原発事故を受けて原発政策が長年議論され、1998年の連邦議会選挙で選択が問われ、2020年代末までにはドイツのすべての原発を廃止することが合意されていました。しかし政治がロビー支配され、原発運転期間延長が莫大な利益を生み出すなかで、容易なことではなかったことも確かです。

それを突き破ったのは、戦後の「官僚支配から国民のための官僚奉仕」への転換を実現させた民主的革命でした。

すなわち官僚一人ひとりの責任を問うシステムの構築とそれをガラス張りに公開することが求められ、原発運転期間延長などの重大な選択では各部局官僚責任者が自ら原発の危険性や問題点を述べ（拙著『ドイツから学ぶ「希望ある未来」』地湧社刊　参照）、公開に責任を持つ公共放送がロビー支配の圧力にもかかわらず使命を果たしてきたからと言えるでしょう。

特に官僚の裁量権行使では、戦後下位の担当官僚にも裁量権が移譲され、官僚の一人ひとりの権限と責任が厳しく問われているからです。

それは単に倫理規定といった甘いものではなく、一つひとつの裁量権行使の書類には決済だけしか書かれていない日本と異なり、やりとりの記録や手紙、さらには面会記録などあらゆる記録を詳しく残すことが求められているからです。

そして万一その裁量権行使で問題が生じ、行政訴訟が起こされた場合すべての書類を証拠として行政裁判所の提出することが法で求められていることから、問題がある場合はすぐさま責任が問われることになります。

それゆえ２０１０年の原発運転期間延長政策の際原発の運転に関与する責任ある官僚たちは、自ら公共放送ＺＤＦ（第２ドイツテレビ）に出演し、その政策の間違いを明確に指摘したと言えます。

さらに少し戻れば、そうした責任を厳しく問うシステムが構築されているゆえに、２００７年の連邦環境省放射線防御局（ＢｆＳ）の常識を覆す報道があったと言えるでしょう。

すなわち放射線防護局の１９８０年から２００３年にわたる、16の原発周辺半径５キロメートル以内の低線量被ばく地域の疫学調査で、５歳以下の子どもの白血病や癌の罹患率が、原発のない地域に比べ小児癌で約60パーセント、白血病で約１００パーセント高いことを、ロビー支配がクライマックスに達するなかで報告しています。

もっともそのような報告も、公開の責任を持つメディアが機能しなければ、国民全体の大きなうねりを創りだすことはできません。

日本においても福島原発事故後、日本学術会議はこれまでの科学者の無責任な姿勢を一変させ、科学者の良心と責任をかけ、原発を規制する提言を２０１２年９月に出しています。その提言の柱は、数十年から数百年の地上保管のモラトリアム期間設定と放射性廃棄物の総量規制です。

モラトリアム期間の設定は、高レベル放射性廃棄物を地中深くに埋めて永久に廃棄するといった国策が、科学者の視点からすれば限りなく危険で、無責任であるからに他なりません。

また総量規制は、現在の溜まり続ける放射性廃棄物への反省から、モラトリアム期間中の総量規制が不可欠であり、それによって原発の稼働及び新設を規制できるからです。

しかし日本のメディアは、こうした科学者の良心と責任をかけた提言を単なるニュースとして取り上げた後は、まるで報道規制されているかのように真相を追求していません。科学者の良心と責任をかけた提言は、日本の未来を決めるほど重大なものであり、メディアは取材を通して真相を追求し、活発な国民議論によって日本の選択すべき適正な道を創り出していく義務があるはずです。

それにもかかわらず、日本のメディアはこれらの提言の真相を追求せず、ガラス張りに公開する責任も果たしておらず、強い力によってメディア支配されていると言っても過言ではないでしょう。

ドイツもメディア支配されていたか？

すでに述べたように、ドイツにおいてもシュレーダー政権が誕生した90年代末には、競争原理を求める報道がメディアにあふれ、私の目には明らかにメディア支配がなされているように思えました。

しかしそれは新自由主義の荒波が一気に押し寄せたことで、ドイツの産業がグローバル競争のなかで存立の危機に瀕していたからに他なりません。

なぜなら世界で最も高い付随コストを含めた賃金、そして失業保険給付32カ月や長期休暇法に象徴される長年歳月をかけて勝ち取ってきた労働者の権利が、ボトム競争を強いるグローバル競争のなかで命取りになって来たからでした。

それゆえ産業界だけでなく、官僚や学者を含めた大部分の専門家が国際競争力の強化を訴え、ドイツ社会全体に競争原理が求められ、まさにそれがメディア支配に連動しているように見えました。

そのようにメディア支配されたかに見えたドイツでしたが、実際は競争原理を絶賛するなかで、新自由主義到来から生まれた欠陥にも焦点をあてて報道していました。

例えば専門職の人が32カ月の失業保険給付が過ぎても職が見つからない場合、これまでは手厚い扶助がなされていましたが、２００５年のハルツ第四法で12カ月の失業保険期間を過ぎれば例外なく最低限の暮らしを営む「失業給付Ⅱ」（生活保護）へ移行し、相対貧困者に没落したことを、ドイツのほとんどの新聞が厳しく批判していました。

しかも「失業給付Ⅱ」を受けるには、当局の厳しい資産査定がなされ、申請者に大きな屈辱感を与えていることを詳しい取材で包み隠さず報道していたことも事実です。

しかしグローバル競争が激化し、シュレーダー政権の新自由主義を2005年に受け継いだメルケル政権の「アジェンダ2010」推進のなかでは、その流れをくい止める歯止めにもならず、かき消されていきました。

大きな転機が訪れたのは、これまでドイツ人から親しみを持って迎えられていたフィンランドの通信関連企業ノキアが、2007年に創設以来の72億ユーロ（当時の為替レートで1兆円）という記録的利益を出しにもかかわらず、2008年1月工場をドイツから撤退し、ルーマニアに移転を表明したときからです。

ノキアの移転理由は、ルーマニアでの人件費がドイツの10分の1であり、さらなる競争力を高められることにありました。

当然すべてのドイツのメデイアは、これをキャラバンキャピタリズムと呼んで激しく非難しました。その怒りは工場のある工業都市ボーフムの3200人のノキア従業員だけでなく、何万人にも膨れ上がった抗議集会では、当時の消費者大臣キリスト教社会同盟のホルスト・ゼーホファーや社会民主党議員団代表のペーター・ストルックが演壇に立ち、寝耳に水のノキアの行動を糾弾するとともに、ノキア製携帯端末の不買運動さえ明言して戦うことを訴えていました。

さらに怒りはドイツ全土に波及し、ドイツ各地で不買運動だけでなく、大量のノキア製携帯電話器の破棄にまでおよび、失われつつあったドイツの連帯を呼び覚ましました。

すなわちノキアが２００８年６月にドイツから移転するまで市民抗議は毎日のように行われ、ドイツのメディアも毎日のように批判記事を載せ、移転した後でさえ特集などを組みキャラバンキャピタリズムの本質を問い、新自由主義批判へと傾いていきました。

しかもその後、これまでドイツ市民に愛されてきたおびただしい数の老舗企業が倒産し、２００８年の10月には世界金融危機でほとんどの州立銀行が実質的破綻状態に追い込まれ、一気に新自由主義批判が火を噴き出しました。

老舗企業の倒産では２００８年９月に電波時計で世界に名を轟かしていたユングハウス、２００９年１月に陶磁で世界的に有名なローゼンタール、６月には傘下にドイツの顔ともいうべき１２０店舗の百貨店カールシュタットを持つアルカンドーア、７月はドイツの老舗ピアノメーカーのシーメル、９月は世界のファッションブランドのエスカーダなど、２００８年から２００９年で６万社以上にも及びました。

しかし政府はあくまでも市場に任せるべきとして、一切の公的支援を拒否しました。

他方金融危機では、ドイツのほとんどの銀行がサブプライム金融派生商品（世界全体で売られた額は62兆ドル）で運用していたことから、それとは対照的に７６００億ユーロ（約１００兆円）という巨額な公的救済を血税で実施しました。

その理由は、放置すればドイツ自体のデフォルトへと発展しかねないからでした。

しかし公的救済後銀行の責任が曖昧にされただけでなく、銀行役員には高額な給料が支払われ、責任を逃れるために早く退職した役員にも多額な年金が支払われたことで、ドイツ市民の怒りは収まりませんでした。

なぜなら老後などの備えのために銀行の薦めでサブプライム金融商品を購入した弱者市民が一切救済されず、サブプライム金融商品を生み出した強者の張本人たちが結果的に救済されたからです。

そうした国民の怒りやメデイア批判が高まるなかで、絶えず責任が求められるドイツの官僚たちは、国を脅かす新自由主義の金融自由化に次々と規制を生み出して行きました。

すなわち二度と銀行への公的救済が必要のないように、「再建精算法」と「分離銀行法」を成立させています。

２０１１年に実施された「再建精算法」では、万一の場合に備えて金融機関自身で再建精算できるように政府の金融化市場安定庁が管理する「再生基金」に銀行などの金融機関が銀行税名目で積立することが課せられています。

しかもそこでは、不公正な銀行役員の報酬などを厳しく規制しています。

また銀行破綻のリスクを抑えるための「分離銀行法」は、2013年2月に連邦議会で議決され、銀行の本来の顧客向け預金業務とリスクの高い投機的業務を分離させています。

しかし世界金融危機を生み出す本質的原因は、金融投機が規制なく容認されていることにあることから、ドイツ政府は金融危機以降本質的な抑制に繋がる金融取引税導入を一貫してEUおよび世界に求め続けています。

なぜならその後のギリシャなど財政危機で見るように、強者のお金を運用する金融ファンドは債務の悪化している国の国債を大量に売り、同時に国債保険としての役割を持つCDS（クレジット・デフォルト・スワップ）を安く購入し、財政危機が表面化する頃には暴落した国債買い戻しと高騰した国債保険を売り抜け、ほぼ確実に巨額の利益を得ているからです（損失を被るのは弱国であり、弱国の市民、そして世界の99パーセントの人たちと言えるでしょう）。

しかもこれらの投機はほとんどがタックスヘイブン（租税回避地）を通して行われ、巨額な利益は税金を支払うことなく、再び飽く無き投機が続き、ますます危機を加速していく悪循環を肥大させています。

それゆえドイツでは、2010年のトロントG20でフランスと共同で金融取引税導入を提唱しましたが、アメリカ、カナダ、日本などの強い反対で受け入れられませんでした。EUでは2013年EU11カ国で2014年より導入を取り決めています（もっとも導入実施は、英国などの強い反対に加えて、ドイツとは異なり未だにEU自体のロビー支配が強いことから毎年先延ばしされています）。

もう一つの金融危機以降のドイツの大きな変化は、2009年には新自由主義推進の裏側でなされていた不正を暴露する『Schwarzbuch Deutschland 2009』のような表紙の黒い本が本屋の店頭にあふれ出してきたことです。

それは「強者だけを利し、弱者に自己責任を求める」という新自由主義批判がメディアを通して強まり、裏切られたという思いから市民の怒りはシュレーダー社会民主党（SPD）政権の新自由主義構造改革（アジェンダ2010）を引き継いだメルケルのキリスト教民主同盟（CDU）ではなく、社会民主党（SPD）に向かいました。

それゆえ2009年9月の連邦議会選挙では社会民主党が歴史的敗北をしたのに対して、メルケルのキリスト教民主同盟は大勝利しています。

私はこの連邦選挙の際ベルリンにいましたが、市民の社会民主党に裏切られた思いは強く、普段は有り得ないことですが、いたるところで党首シュタイン・マイヤーのポスターが破られたり、落書きされている光景を目にし驚いたものでした。

それはメルケル政権でも経済などの主要ポストを担い、組織力を生かした機動性で従来の政策を推し進めようとする傲慢さへの怒りであり、街頭では企業献金などの豊富な資金力で赤いカーネーションを配っていましたが、逆に市民感情を逆なでていました。

それとは対照的にメルケル政権は、メルケル自身が世の中の動きに機敏に対応するという定評通り、金融危機への反省、さらには結果的に強者を支えてきた新自由主義への反省に立ち、弱者への大規模減税を選挙公約として掲げたことからの大勝利でした。

メルケルの社会的市場経済回帰宣言

しかし大勝利した後の大会では、ほとんど選挙で問われなかった原発運転期間延長やゴアレーベン最終処分場調査開始などを公表したことから、国民の怒りは一気に政府に向かいました。

なぜならすでに述べたように、28年間という長期運転期間延長で得られる巨大電力企業の莫大な利益は国民の知るところであり、ロビー支配された政府の本性が浮かび上がり、再び原発回帰への道を歩もうとしたからです。

そのような政府の傲慢な姿勢は、翌年２０１０年５月のノルドハイム・ヴェストファーレン州の選挙で厳しく問われ、長年牙城としてきたＣＤＵ政権は10パーセント以上も得票率を下げ惨敗します。

その結果メルケル政権は、州の議員からなる連邦参議院で過半数を維持できなくなり、すかさず28年運転期間延長を12年に短縮し、原発の再生可能エネルギーへの架橋としての役割強調で理解を求めようとします。

しかしすでに「影の計画」などで電力企業と約束ができていたバーデン・ヴェルクの州知事マプス（ＣＤＵ）は激しく反対し、メルケルの右腕で原発に責任を負う環境大臣レトゲンの辞任を求めるなど、醜悪な内部抗争が表沙汰にされます（ＺＤＦ『大いなるこけおどし――原発政策の間違い』参照）。

しかも２０１０年には原発運転期間延長に国民の大部分が世論調査で反対にもかかわらず、政府与党が連邦議会で圧倒的多数であることから原発運転期間12年を決議し、その上ゴアレーベン最終処分場の調査を再開させたことから、ＣＤＵ支持者を含めてドイツ国民の怒りが爆発したわけです。

そのような怒りは国民だけではなく、『大いなるこけおどし——原発政策の間違い』を放映するまで保守的と言われてきた公共放送ZDFの報道は一変し、2010年11月3日放送のZDFフロンタール21は国民世論を無視する政府に対して、「現在の政治は国民を大きな信頼の危機に落とし入れている」と厳しく批判しています。

そしてこの時点での世論調査では、すでに保守大国バーデン・ヴュルテンベルク州の2011年3月の州選挙で緑の党の州知事誕生を予想していました。

事実2011年の州選挙では、メルケル政権の与党キリスト教民主同盟は3月のバーデン・ヴュルテンベルク州の惨敗だけでなく、2月にはハンブルク州、同じ3月にはザクセン・アンハルト州、ラインラント・プファルツ州、そして5月のブレーメン州で全敗し、党存続の危機感からもメルケルの脱原発宣言にいたった訳です。

しかしその後も9月のメクレンブルク・フォアポンメルン州、ベルリン州選挙でも負け続け、翌年2012年2月のザールラント州、3月のシュレースヴィヒ・ホルシュタイン州、及び5月のノルトライン・ヴェストファレン州選挙でも敗退し、2009年の連邦選挙大勝利後すべての州選挙で記録的全敗し、もはやメルケル政権の維持さえできないほど追い込まれました。

その理由は脱原発や弱者への大型減税をしても、企業のロビー支配が強い与党キリスト教民主党の政策から新自由主義の看板を下ろせなかったことにあります。

逆に野党となった社会民主党は中央とは異なり州レベルでは新自由主義の反省ができていたことから、教育の無償化回帰や最低賃金、子育ていった市民の視点で、新自由主義政策を徹底的に批判したことがすべての州で勝ち続けた理由と言えるでしょう。*3

こうしたなかでメルケル政権が出したのは、ロビー支配からの決別（一線を画する）とも言える２０１２年の党大会でアデナウアーの「万人のしあわせ」への回帰宣言でした。

すなわち競争と平等の両立を求め、弱者を支える社会的市場経済の再生を打ち出し、次の10項目で見られるように弱者への連帯を掲げています。

そのようなメルケル政権の社会的市場経済への回帰宣言こそ、その後のメルケル首相自身の弱者への献身的奉仕への転換を物語っており、ドイツをロビー支配克服へと向かわせ、エネルギー転換を通して希望を与え続けています。

①私たちは、大いなる勤勉と理想を持って国内及び世界で求められる製品やサービス

業を絶えず発展させ、製造するあるいは提供する人たちの中に強いドイツを見ます。これらの能力と業績の備えで今日の世代の豊かさの基礎を築いています。同時にそれは次の世代によき発展をひらく重要な貢献を導きます。（ドイツの希望ある未来の基盤は勤勉と理想）

（Wir sehen die Stärke Deutschlands in seinen Menschen, die mit viel Fleiß und Ideen immer wieder Produkte und Dienstleistungen entwickeln, herstellen oder anbieten, die bei uns und weltweit gefragt sind. Mit diesen Fähigkeiten und ihrer Leistungsbereitschaft bilden sie das Fundament für den Wohlstand der heutigen Generation. Zugleich leisten sie damit einen wichtigen Beitrag, nachfolgenden Generationen die Chance auf eine gute Entwicklung zu eröffnen.）

②私たちは心底から機会均等を望んでいます。ドイツは可能性のある国です。ここでは誰もが成功への機会を持つべきであり、個人の幸せに向けて努められるべきです。将来的には素性に依存することがあってはなりません。それゆえすべてにおいて素晴らしい教育機会が持てる教育共和国を望んでいます。私たちは成績と才能への尊敬、新たな機会への権利、そして弱者に対する連帯を支持します。（機会均等に基づく適正な競争と弱者への連帯）

(Wir wollen eine echte Chancengesellschaft. Deutschland ist ein Land der Möglichkeiten. Hier soll jeder die Chance auf Erfolg haben und nach seinem persönlichen Glück streben können – Zukunft darf nicht von der Herkunft abhängen. Deshalb wollen wir eine Bildungsrepublik, in der alle gute Bildungschancen haben. Wir stehen für Respekt vor Leistung und Tüchtigkeit, für das Recht auf eine neue Chance und für Solidarität gegenüber den Schwachen.)

③私たちは失業に対する戦いの大きな成果を通して、新たな雇用の場ための勇気づける新たな努力、成長への道をもたらすことを見ています。私たちは、この国のすべての人が自らを気遣うことができる収入を得ることができることを望みます。（ひと握りの人たちに富が集中する社会であってはならない）

(Wir sehen uns durch den großen Erfolg im Kampf gegen die Arbeitslosigkeit ermutigt, weitere Anstrengungen für neue Arbeitsplätze und Wachstum auf den Weg zu bringen. Wir wollen, dass alle Menschen in unserem Land Einkommen erzielen können, mit denen sie für sich sorgen können.)

④私たちは以下のことを確信しています。

私たちの国の未来がよりよく形成されればされるほど、ますます多くの人が私たちの社会、政治、クラブ、教会、組合に自ら参加します。そのために私たちは参加を支援し、勇気づけ、機会として変化をつかみ、責任を取る政治を築きます。（すべての人が現実の問題に政治参加できる社会構築の使命）

（Wir sind überzeugt: Wir können die Zukunft in unserem Land umso besser gestalten, je mehr Menschen sich für unsere Gesellschaft engagieren – in Politik, Vereinen, Kirchen oder Gewerkschaften. Dazu setzen wir auf eine Politik, die Engagement fördert und dazu ermuntert, Veränderungen als Chance zu begreifen und Verantwortung zu übernehmen.）

⑤私たちは経済のすべての分野において責任ある企業性を強化します。経済参加は社会的責任から切り離して推し進められてはなりません。そのために尊敬すべき経済人の理想像を強化します。

そのための一つの手本はまさに無数の家族企業と中小企業です。それらは私たちの国の経済的成功のためのバックボーン（脊椎）です。（経済活動の社会的責任）

（Wir wollen verantwortliches Unternehmertum in allen Bereichen der Wirtschaft stärken. Wirtschaftliches Engagement darf nicht losgelöst von gesellschaftspolitischer Verantwortung vorangetrieben werden. Dafür wollen wir das Leitbild des „ehrbaren Kaufmanns“ stärken. Ein Vorbild dafür sind unsere zahlreichen Familienunternehmen, gerade in Mittelstand und

Handwerk. Sie sind das Rückgrat für den wirtschaftlichen Erfolg in unserem Land.)

⑥私たちは次のことを確信しています。経済強化と資金面の連帯は将来性への前提条件です。生産企業とサービス業が手に手をとって一緒に働く大企業と中小企業からなる私たちの魅力的な経済構造は私たちの国に危機においても安定を与えてきました。健全な経済的基盤においてのみ、ドイツはさらに豊かさと社会的保障を手にすることができるでしょう。社会的市場経済の党として私たちはドイツの経済的、社会的、そしてエコロジー的将来に対して大きな責任を持っています。（経済強化と資金連帯の社会的市場経済の大きな未来への責任）

（Wir sind überzeugt: Wirtschaftliche Stärke und finanzielle Solidität sind die Voraussetzungen für unsere Zukunftsfähigkeit. Unsere attraktive Wirtschaftsstruktur aus Großindustrie und Mittelstand, in der produzierende Unternehmen und Dienstleister Hand in Hand arbeiten, hat unserem Land in der Krise Stabilität gegeben. Nur auf der Grundlage einer gesunden ökonomischen Grundlage wird es Deutschland gelingen, weiterhin für Wohlstand und soziale Sicherheit zu sorgen. Als Partei der Sozialen Marktwirtschaft sehen wir uns in einer besonderen Verantwortung für die wirtschaftliche, soziale und ökologische Zukunft unseres Landes.）

⑦私たちは私たちの国のすべての地域での素晴らしい発展可能性を望んでいます。新しい州（旧東ドイツ）のために私たちの成功した政治を継続し、そのために連帯協定の承諾が維持されるように配慮します。私たちの責任は新しい州の自立経済構造に有効であるだけでなく、東、西、南、北の経済的弱い地域における素晴らしい発展にも有効です。（経済的弱い地域の連帯支援と責任）

（Wir wollen gute Entwicklungsmöglichkeiten in allen Regionen unseres Landes. Unsere erfolgreiche Politik für die neuen Länder werden wir fortsetzen und dafür sorgen, dass die Zusagen des Solidarpaktes eingehalten werden. Unsere Verantwortung gilt dabei nicht nur einer selbsttragenden Wirtschaftsstruktur in den neuen Ländern, sondern auch einer guten Entwicklung in allen strukturschwachen Gebieten in Ost und West, Nord und Süd.）

⑧私たちは州や自治体が地域の世界的競争のなかで生き残ることができるように、十分な余地をもてることを望んでいます。そのためには支柱となる解決ではなく、フレキシブルな解決が必要です。そのために私たちはしっかりした補完原理と連邦主義を採っていきます。補完原理は地域で暮らす責任の前提条件です。連邦主義は地

域の決定役割を創出します。異なった基準や地域財源は新しい可能性を開き、自治体の自己責任を強化するでしょう。それは私たちが相違性を認め、進歩のためのエンジンとして競争力を与えることを意味します。（補完原理と連邦主義による地域主権）

(Wir wollen, dass Länder und Kommunen ausreichend Spielraum haben, um im weltweiten Wettbewerb der Regionen bestehen zu können. Dafür brauchen sie keine Antworten von der Stange, sondern flexible Lösungen. Wir setzen deshalb auf die bewährten Prinzipien Subsidiarität und Föderalismus. Subsidiarität ist die Voraussetzung für gelebte Verantwortung in den Kommunen. Föderalismus schafft Entscheidungsspielräume vor Ort. Differenzierte Standards und Regionalbudgets können dabei neue Möglichkeiten eröffnen und die kommunale Selbstverantwortung stärken. Das bedeutet auch: Wir lassen mehr Unterschiedlichkeit zu und setzen auf die Kraft des Wettbewerbs als Motor für Fortschritt.)

⑨私たちは成長に賛成ですが、借金での成長には反対する社会を望みます。成長がなければドイツのすべての人のための豊かさも可能ではなくなるでしょう。それゆえ私たちの社会に確固たる原理での持続性を望みます。それはまさに私たちのキリスト教人間像に以下のように由来しています。

私たちは将来世代の自然だけでなく、資金面での財源に対して、束縛のない、際限のない支配権や利用権を持っていません。私たちは、将来世代に対する生活基盤が保障されるような進歩と成長を望んでいます。私たちは、経済的、エコロジー的、社会的に持続可能な成長とすべてに公正な寄与に取り組んでいます。それゆえ私たちは世界での社会的市場経済の原理と公正な競争条件を支持します。（将来世代への持続可能な発展への責任）

（Wir wollen eine Gesellschaft, die "Ja" sagt zu Wachstum, aber "Nein" zu Wachstum auf Pump. Ohne Wachstum wäre "Wohlstand für Alle" in Deutschland nicht möglich gewesen. Wir wollen deshalb Nachhaltigkeit zu einem festen Prinzip in unserer Gesellschaft machen. Gerade aus unserem christlichen Menschenbild folgt: Wir haben kein ungebundenes, schrankenloses Herrschafts- und Verfügungsrecht – weder über die Natur noch über die finanziellen Ressourcen kommender Generationen. Wir wollen daher Fortschritt und Wachstum so gestalten, dass die Lebensgrundlagen auch für künftige Generationen gesichert bleiben. Wir setzen auf ein ökonomisch, ökologisch und sozial nachhaltiges Wachs-um und eine gerechte Teilhabe aller. Deshalb treten wir weltweit für die Prinzipien der Sozialen Marktwirtschaft und für faire Wettbewerbsbedingungen ein.）

⑩私たちは、子どもや子孫が豊かに暮らすことができるように、進歩や成長を伸展することを望みます。そのための明らかな肯定は、刷新や新しい技術に帰属しています。

自然法則を克服し、生活条件を技術手段で改善するための願望や必要性は、人間のデザインに帰属しており、挑戦を成功させるための重要な要素です。私たちは、よりよい製品、よりよいサービス、未来の可能性がある刷新を生み出す枠組みを創りだすことを望みます。なぜなら持続可能な成長は、第一により多くを生産するのではなく、よりよいものを創りだすことを意味しています。（持続可能な発展こそが希望ある未来を切り拓く）

（Wir wollen Fortschritt und Wachstum so gestalten, dass auch unsere Kinder und Enkel in Wohlstand leben können. Dazu gehört ein klares “Ja” zu Innovationen und neuen Technologien. Der Wunsch und die Notwendigkeit, natürliche Grenzen zu überwinden und unsere Lebensbedingungen mit den Mitteln der Technik zu verbessern, gehören zum menschlichen Dasein und sind wichtige Elemente, sich Herausforderungen erfolgreich zu stellen. Wir wollen daher Rahmenbedingungen schaffen, die bessere Produkte, bessere Dienst-leistungen und zukunftsfähige Innovationen hervorbringen. Denn nachhaltiges Wachstum bedeutet nicht in erster Linie “mehr” zu produzieren, sondern “Besseres” zu schaffen.）

＊1：「ロビーコントロール」などの市民団体の提訴していた連邦議会フリーパス企業（団体）名公開は、ベルリン上級憲法裁判所で2015年11月20日判決され、607のフリーパス企業（団体）名が公開されました。（https://www.abgeordnetenwatch.de/sites/abgeordnetenwatch.de/files/lobbyisten_mit_hausausweisen-20151026a.pdf）

＊2：電力企業と政府の癒着を裏付ける「影の計画」は、選挙に勝利したメルケル連立政権が2010年9月連邦議会で原発運転期間延長法案を議決する1カ月前、ドイツ第2テレビ（ZDF）の報道番組『大いなるこけおどし――原発政策の間違い』で描かれ、延長反対の大きな波をつくり出し、結果的にメルケルの脱原発宣言を生み出して行きました。（https://www.youtube.com/watch?v=HNvD9Qc6Hg8）

＊3：シュレーダー社会民主党（SPD）政権の推し進めた「アジェンダ2010」構造改革は、2005年の連邦選挙で「強者だけを利し、弱者に自己責任を求める」新自由主義政策として激しい批判をあびたことで、2006年には左派のラインラント・プファルツ州首相のクルト・ベックが社会民主党の党首となり、政策の建て直しを図り、2007年10月のハンブルク党大会でこれまでの新自由主義政策を反省するハンブルク綱領を採択しました。（https://www3.spd.de/linkableblob/1778/data/hamburger_programm.pdf）

採択されたハンブルク綱領の主な柱は次のようなものです。

●市場支配を許さないだけでなく、多くの適正な規制は重要であり、必要不可欠である。
●労働者の共同決定権、賃金自治、ストライキ権、適用区域による賃金協定、強い組合は重要であり、必要不可欠である。

●財産及び相続財産への公正な課税は重要であり、必要不可欠である（財産税などの復活）。

●失業保証は労働保証に見直されるべきであり（ハルツ第4法の見直し）、法的な最低保証賃金は必要不可欠である。

●年金はすべての就労業務で支払われるように拡大していくべきであり、年金額は収入額と継続期間に基づいて従来通り支払わなければならない。

しかしクルト・ベックの反新自由主義政策へのハンブルク綱領による転換は、シュレーダーの「アジェンダ２０１０」を推進してきた人たちにとって過激な転換であり、容認できないものでした。「アジェンダ２０１０」をシュレーダ辞任後もメルケル政権の閣僚として推進してきたフランツ・ミュンテフェーリング（シュレーダ政権での社会民主党党首、副首相）は、２００７年のハンブルグ綱領採択直後の11月にすべての役職を辞任しましたが、転換への不満が再び翌年前線に蘇らせました。（２００８年3月15日「シュピーゲル誌」は「ミュンテフェーリングは左への転換は誤り」という見出しで、ミュンテフェーリングがベックの政治路線を激しく批判したことを伝えています）。

そして誰も予想ができない速さで動き、9月8日にベックの党首辞任が発表され、同時にフランツ・ミュンテフェーリングが再び党首に返り咲くことが報道されました。翌日のシュピーゲル・オンラインは、ベック支持者のザーランド州社会民主党党首のハイケ・マスのインタビューを「党首をそのように扱うことは容認できない」という見出しで、ハイケ・マスの無念さを隠したインタビューを載せています。（http://www.spiegel.de/politik/deutschland/saar-spd-chef-maas-so-kann-man-mit-einem-parteichef-nicht-umgehen-a-577049.html）

彼は直前までベックは確固たる地位にあったことは認めるものの、突然起こった政変劇の事情について知らないと答えるだけでした。それはガラス張りに開かれたドイツでの社会民主党内部の鉄のカーテンを示唆しており、ハンブルク綱領採択までの内部抗争、そしてベッグ党首辞任への急激な転換の抗争など一切公表していないことからも明らかです。またこうした内部抗争を象徴するものとしてヘッセン州の州議会選挙があります。

2008年1月の長年キリスト教民主同盟（CDU）の牙城であったヘッセン州の州議会選挙は、反新自由主義を打ち出したハンブルク綱領が好感されたことから社会民主党が躍進し（獲得議員数SPD42、CDU42、自由民主党＝FDP11、緑の党9、リンケ6）、リンケとの閣外協力合意で赤と緑の連立政権誕生が確定したかに見えました。

事実ヘッセン州社会民主党党首イブシランティ女史の次期州首相としての勝利会見までなされました。しかし「アジェンダ2010」を推進してきたミュンテフェーリング側は主導権を巻き返し、あくまでもリンケとの閣外協力合意は認められないとして内部紛糾で半年以上も議会決定を延長させます。

そして11月はじめの議会でようやくイブシランティ女史の州首相就任が報道されましたが、議会前日4人の社会民主党議員がイブシランティ女史を州首相として投票しないことを表明し、すべてを降り出しに戻しました。

そのため翌年2009年1月に再選挙が実施され、社会民主党の内部抗争に怒った州民は、CDUとFDPとの連立政権で決着せざるを得ませんでした（獲得議席CDU46、SPD29、FDP20、緑の党17、リンケ6）。

まさにこの内部抗争は選挙民の意思をまったく無視しており、醜悪さに満ちていました。しかも内部事情が自由に語られないことから不満や怨念が拡がって行き、2009年の連邦選挙直前にはシュレーダー政権の看板であったウララ・シュミット厚生大臣が公務から引きずり降ろされました（2005年に敗北した社会民主党は新自由主義路線ゆえにメルケルのキリスト教民主民主同盟と大連立し、ウララ女史は継続していた）。

具体的にはウララ・シュミット女史が、フランスでの休暇を必要もない公用（施設訪問）に政府公用機を使用したことが明らかにされ、ウララ女史の実施した保険改革で社会福祉が過激に切り捨てられたこともあって、国民の怒りが爆発しました。

その結果が社会民主党結党以来の2009年9月連邦選挙での歴史的敗北であり、ミュンテフェーリング党首は引責辞任し、すべての役職から解かれました。

その後抗争は静まり、その反省から各州の社会民主党は本気でハンブルグ綱領の実現に向けて動きだしたことが、脱原発と並んで、社会民主党の州選挙全勝の理由に他なりません（但し、中央の連邦議会における社会民主党指導層は本質的には新自由主義政策をその後も引きずり、それが2013年の連邦選挙敗北の理由でもあります）。

第3章 マザーテレサとなったメルケル

メルケルの脱原発宣言

２０１３年9月のドイツ連邦選挙では、ＣＤＵは２００９年の大勝利を大きく上回り7・7パーセントも得票率を伸ばし、41・5パーセントの高い支持率でメルケル政権を維持しました。

もっともその1年前の予想では、誰もが社会民主党と緑の党の「赤と緑の連立政権」を予測していました。

そのような予測は、前章でも述べたように２００９年の大勝利後キリスト教民主同盟と自由民主党のメルケル連立政権が、企業要請で原発運転期間延長を実施したことから激しい反発受け、２０１２年５月までの10ほどの州選挙ですべて負け続けていたことからくるものでした（ただしザールラント州では大きく得票率を減らしたものの、キリスト教民主同盟は緑の党との連立で辛うじて州政権維持）。

特に２０１２年５月のノルトライン・ヴェストファレン州選挙では大幅に支持率を落とし26・３パーセントの支持しか得られず（前回選挙の８・３パーセント減）、社会民主党と緑の党の連立州政権誕生を許し、政権存続だけでなく党存続の危機感が立ち込めていました。

このようなキリスト教民主同盟の危機を救ったのはメルケルの英断であり、脱原発宣言に加えて、メルケルが率先して競争原理優先の新自由主義よりも弱者への連帯を求める社会的市場経済回帰を宣言し、国民のための政治を始めたからです。

確かにメルケルの福島原発事故後の電光石火のような脱原発宣言は、あまりに鮮やかであり、キリスト教民主同盟の支持率低下とは対照的にメルケル人気を創りだしていきました。

福島原発事故後メルケルは、すぐさま25名の有識者からなる倫理委員会を招集し、議論のほとんどすべてを公共放送でガラス張りに放映公開し、この倫理委員会の意見が具体的な脱原発に集約される頃には、キリスト教民主同盟支持者の多くの人たちさえ脱原発を求めていたほどでした。

メルケルは2011年5月30日の「脱原発宣言」の演説で、「しかし、私たちは、私にとって想像しがたい福島原発事故の後、原子力エネルギーの役割を改めて考え、それゆえに廃止しなければなりません。（Aber wir haben nach der - jedenfalls für mich - unvorstellbaren Havarie in Fukushima die Rolle der Kernenergie noch einmal überdenken müssen und uns deshalb entschlossen)」と、日本の福島原発事故が一変させ、脱原発の決断をさせたことを強調しています。*1

しかしこれまで原発に反対して来た市民の多くは、メルケルの英断を評価しながらも、その演出には半信半疑でした。

なぜなら2009年に大勝利した連邦選挙後の議会では、連立政権が原発運転期間28年を打ち出すなかでメルケル首相は、「私たちは原発運転期間の延長を望みます。なぜなら運転期間延長は安全であると共に、延長を必要とするからです。（Wir wollen die Laufzeit der Kernkraftwerke verlängern, weil sie sicher sind und wir das brauchen.）」と明言していたからです。

もっとも世論が延長反対に傾き、翌年2010年5月のノルドハイム・ヴェストファーレン州の選挙で惨敗すると、素早い分析で運転期間12年への大幅短縮を決め、「私たちはすべての安全基準の考慮の下で原発運転期間の延長を必要とします。(Wir brauchen verlängerte Laufzeiten für Kernkraftwerke, unter Berücksichtigung aller Sicherheitsstandards.)」と訴えています。

メルケルが12年間への大幅短縮で国民の望まない原発運転期間延長を乗り切ろうとしたのは、彼女もロビー支配されていたからに他なりません。

すなわちメルケルも、コール政権のもとで1994年から1998年まで環境大臣を務め、原発推進政策を担っていました。

その際旧東ドイツの核廃棄物貯蔵施設のモアスレーベンの安全性が問題となり、当時のメルケル環境大臣は多くの専門家が危険性を指摘するなかで、「モアスレーベンは安全である」と明言し、継続使用を指示したことも事実です。

2008年そのモアスレーベン核廃棄物貯蔵施設が地下水による激しい汚染が大問題となり、シュピーゲル誌は「メルケルのアキレス腱」として特集し、「前の東ドイツの原子力廃棄物貯蔵施設の巨大な施設崩壊が実証された。これまで知られていなかった記録は、

シュピーゲル誌の載せたモアスレーベン核廃棄物貯蔵施設調査でのメルケル環境大臣。

当時90年代中頃の環境大臣のアンゲラ・メルケルが専門家警告を無視し、貯蔵施設の再稼働を押し通したことを証明しています。

(Das frühere DDR-Atommülllager Morsleben erweist sich als gigantischer Sanierungsfall. Bislang unbekannte Dokumente zeigen, wie die damalige Umweltministerin Angela Merkel Mitte der neunziger Jahre die Expertenmahnungen ignorierte - und den Weiterbetrieb der Anlage durchsetzte.)」

と非難しています。[*2]

こうした事実からは、メルケル首相も過去においては原発推進の政治家であり、政権維持、党存続維持のため、政治戦略として脱原発へ大転身した姿にしか見えてきません。

ロビー支配に葬られたヴルフ大統領

２０１１年10月末に東日本大震災の見舞訪問として来日したドイツ大統領ヴルフは、日本の脱原発は可能だと示唆し、筑波大学の講演では以下のように福島で起きた事故がドイツに脱原発を選択させたと述べていました。[*3]

「……、私が最初に申し上げたいテーゼは、例えばこうしたナノテクノロジーのように、技術革新に感動する心というものを大切にしなければならないということです。日本には進歩に対する非常に優れた精神があり、そこからはドイツも学ぶことがたくさんあるでしょう。……、私の2番目のテーゼは、技術の進歩を常に倫理面の基本的問題に照らし合わせなければならないというものです。技術的に可能なことを人間はすべて実現してもよいということではないのです。こうした視点を社会で幅広く議論することが重要であると考えます。そのためには優れた科学ジャーナリズムも必要であり、ドイツにあるような学際的な倫理協議会も必要でしょう。私の３番目のテーゼは、どのような技術を認可し、禁止するのか、そうした決定を下すためには選ばれた国民の代表が必要だということです。国民の代表として民主的に選ばれた者だけが、こうした重要な決断を下すことができるのです。技術的進歩がもたらす影響に関する議論は、福島で起きた事故とも向き合わなければならないものです。ドイツでは、原子力エネルギーに対する責任を負えるか否かという議論が1986年のチェルノブイリの事故の際にわき起こり、ドイツは新たな原子力発電所の建設を中止しました。そして今回、世界でもハイテク国として知られ、最高レベルの技術的基準を設けて、最新の技術力を有する日本でこうした事故が起きたということが、ドイツをして原子力発電所の稼働期間の延長をあきらめ、2022年までにすべての原子力発電所を停止するという決断にいたらせたのです。……」

この発言は、私には恐ろしく奇異に感じられました。なぜなら私がドイツに暮らしていた頃、すでに述べたようにヴルフ大統領はニーダーザクセン州首相であり、2007年の7月には翌年から州の原発が次々と廃棄予定時期を迎えることから、ロビー支配によって原発運転期間延長だけではなく、原発推進を強調していたからです。

またヴルフ大統領は福島原発事故後、メルケル首相が「ドイツの脱原発」をキリスト民主同盟（CDU）の党大会で議決することなく、政府首脳だけで決定したことに激しく異を唱えていました。[*4]

事実党大会でメルケル首相の突然の脱原発発表に拍手した議員は3分の1ほどであり、

党大会の議決にはかれば過半数を得ることが難しかったでしょう。

さらに脱原発法案発行の際大統領の署名が必要なことから、２０１１年８月１日の署名会見直前までメルケル首相のエネルギー転換を批判し、ブレーキを踏み続けていました。[*5]

そのようなこれまでのドイツ大統領ヴルフの言動からすれば、日本での脱原発の言動や講演は、もう一人別のヴルフ氏がいるかのように不可思議に思われました。

さらに驚くことには、ドイツ帰国後すぐに大統領の汚職疑惑が次から次へと明るみに出て、ヴルフ大統領は２０１２年２月に辞職へと追い込まれ、３月８日に大統領を辞職しました。

この背景には、大統領の脱原発への転向、並びに日本での脱原発推奨の言動が関与していると思われます。

なぜならメルケルの脱原発宣言以降ドイツの原発ロビイストたちは、これまで原発推進の政治家たちがエネルギー転換推進へと転向するなかで、見せしめとして歯止めを必要としたからです。

すなわちヴルフ大統領の日本での講演や言動はドイツのロビイストたちに許されるものではなく、２００８年首相時代の便宜や接待などの汚職疑惑が、意図的に当事者たちによってばら撒かれたと思われます。

具体的には、自宅購入の際の低利融資や休暇期間のホテル接待などの汚職疑惑は本来ならば蒸し返されほどの問題でもなく当事者しか知り得ないことから、見せしめにされたことは明らかでしょう（2013年4月在宅起訴され、2014年2月のハノーバー地裁の無罪判決で決着しています）。

結果として大統領ヴルフは、ロビー支配を自ら解き放ち、今まさに世界の脱原発、平和、人種差別に貢献しようと目覚めたとき葬られたと言えるでしょう。

マザーテレサとなったメルケル

2010年以降のメルケル首相の言動は明らかにロビー支配の意に沿わないものであり、ロビイストの標的にされないはずはありません。

メルケルが党首に上り詰めたのは、お金に対する徹底的クリーンさであり、彼女の生みの親ヘルムート・コールの献金疑惑の際も一切かばうような発言がありませんでした。

もっともそのような非情とも言える潔癖さが、金権支配でキリスト教民主同盟の党存続さえ危ぶまれるなかでも党首に抜擢されたと言えるでしょう。

それゆえメルケルへの攻撃は絶えず党内からであり、原発28年運転期間延長大幅に短縮を決めた際環境大臣辞任要求、さらにはメルケル首相辞任要求が州首相たちを先頭に党内から激しく巻き起こっています。

しかしそうしたなかでメルケルの採った戦略は国民を味方につけることであり、メルケル連立政権が２０１０年９月に原発12年間を決議した際、国民世論はその決議に大きく反対に傾いたことから、ロビー支配で原発推進に染まった党を国民の望む脱原発へとどのように導くか構想していたのではないでしょうか。

そのように思えるのは、メルケルは福島原発事故後すぐさま倫理委員会を招集し、誰を倫理委員に選び、どのような方法で脱原発へ導くかを用意周到にしていたからです。

すなわちその際の倫理委員のミランダ・Ａ・シュラーズによれば（ベルリン自由大学環境政策研究所の所長であり、私自身もベルリン自由大学で議論したことがあります）、すでに倫理委員会招集時に脱原発の結論が方向付けられており、25名委員の要の10名の委員はメルケル自らが選び、残りの15名の議員も彼女の信頼するクラウス・テプファー（メルケル環境大臣の前任）などが選ばれ、最初から脱原発実現のための倫理委員会だったからです。

しかもその議論過程を長時間に渡ってドイツ全土にテレビ公開し、（今から思えば）議論が終わる頃にはキリスト教民主同盟の支持者さえ圧倒的多数が脱原発に傾くように仕組まれていたと言えるでしょう。

そのように仕組まれた脱原発宣言は、メルケルに長年の脱原発への構想なくしては不可能だからです。

確かに環境大臣を歴任した頃のメルケルは、東ドイツ科学アカデミーの物理学者の経歴からも核廃棄物貯蔵施設の危うさを認識していないはずはなく、それにもかかわらず「モアスレーベンは安全である」と明言し続け、継続使用指示を出しています。

もっともコール首相の要請で環境大臣に抜擢されたメルケルには、職務上安全であると言う以外に選択肢はなかったのも事実です。

だからと言って、党の原発推進に追従していたわけではなく、そのような明言が大きな心のアキレス腱となっていたことも確かでしょう。

それは２００９年の連立政権誕生後にメルケルが、強く脱原発を主張するオラーフ・フォマイヤー教授を首相直属の政治顧問（前のガブリエル環境大臣が採用）に継続させていることからも明らかでしょう。

すなわち議会では原発運転期間延長が党の決定であることから、必要性を明言していましたが、本心はその危険性を熟知していたことから脱原発のチャンスを伺っていた見方もできるでしょう。

そのように自らの本心を封印して政治を実践する背景には、東ドイツの少女時代の体験があると言われています。

それは2013年8月13日に公共放送の第2ドイツテレビ（ZDF）が放映した『政権党首メルケル』を観れば明らかであり[*6]、東ドイツ誕生直後にハンブルクから移住してきた彼女の父が（プロテスタントの牧師）、「教会と国家DDRとの平和的共存」を主張したことから組織批判者として扱われ、家族も厳しく監視されていたと伝えています。

このフィルムで意見を求められたシュピーゲル編集者も、「（メルケルは）自分の本心を言うことが危険であることを身をもって学んだ」と述べています。

このフィルムの制作の背景には、この年2013年5月に『Das erste Leben der Angela M. ――アンゲラ・メルケルの初期の人生』が執筆され、メルケル首相は20歳頃DDRの共産党青年部FDJに属し、扇動やプロパガンダを担当し、深く共産党組織に関与していたことを示唆し、ドイツ国内に大きな反響を巻き起こしたことにあります。

もっとも引金を引いたのは、ロビー活動の拠点とも言われるフォーカス誌（新自由主義寄りのドイツ第2位の週刊誌）が5月の20号で「メルケルの東ドイツDDRでの過去（Die DDR-Vergangenheit der Kazlerin）」というタイトルで特集を組み、あたかもメルケル首相がDDRに洗脳されているのではないかという疑惑を膨らませたからです。*7

フォーカス誌、5月の20号。

ZDFの番組では、普段は辛辣にメルケル批判をするグレゴール・ギジ（実質的左翼党リンケ創設者）さえ、「扇動やプロパガンダに関与していれば、あたかも政治局に関与していたかのように作り出す」と一笑していました。

またメルケル首相は取材に答えて、「あなた方が私の若い頃について書かれた本を読むとき、私自身も驚く程ほど多くのことが述べられていることがわかるでしょう。それは（現在の）私に認められないものであっても、（未来の）新しい文脈で理解してもらえるようになるでしょう」と述べています。

すでにメルケルの東ドイツ時代の行動に疑問を投げかける記事は、財政均衡の健全化を唱える２０１０年頃から始まっており、２０１２年のギリシャ財政危機拡大でこうしたメディアは、財政緊縮で仮借なき自助努力を迫る「鉄の女」とか「欧州の女帝」と呼び批判を繰り返して来ました。

しかしメルケルの本心は、ドイツ世論の強い反対にもかかわらず２０１５年にギリシャ財政支援継続を強固に押し通したように、助けを求める人々に奉仕することであり、それは２０１５年のシリアからドイツへ１００万人を超える避難民を政治生命を賭けて守り抜いたことにも見られます（２０１６年1月21日放映のＺＤＦ円卓討論『避難民危機』参照 https://www.youtube.com/watch?v=Y23YSqR95lM）。

シュピーゲル誌39号（２０１５年9月19日）がマザー・アンゲラを特集したのは、姉妹党ＣＳＵ党首（バイエルン州首相）ゼーフォーファや各地のキリスト教民主同盟党員集会での激しい批判にもかかわらず、「私たちはそれができる（避難民危機の克服）。基本法の庇護権には上限がない。救いの手を差し伸べないなら、私の祖国ではない。（Wir schaffen das. Das Asylrecht kennt keine Obergrenzen. Und Freundliches Gesicht zeigen, sonst ist das nicht mein Land)」

と、メルケル首相がマザー・テレサのように彼女の信念を貫いているからです。

マザー・アンゲラを特集した、
シュピーゲル誌 2015 年 39 号。

その後もマザー・アンゲラはどのように批判されようと避難民政策を邁進し、2015年のジルベスタ（大晦日）には公共放送で、国民への感謝と慈悲をマザー・テレサになりきって訴え、以下のことを国民に求めています。

「私たちはかくも多くの避難民流入でさらなる負担が要求

大晦日の公共放送でマザー・テレサになりきって国民に訴えるメルケル首相。

されることは明らかです。このドイツに永続的に留まろうとする人たちと融和するための重要な課題から見れば、時間、努力、お金がかかるでしょう。その際私たちは過去の過ちを学ぶことを望み、そして学んでいかなくてはなりません。私たちの価値観、伝統、正当性理解、言語、法、そして規範は、私たちの社会を支えるものであり、この国のすべてにおいて強い相互の尊重でなされる共同生活にとって根本的前提条件であり、この国に暮らすすべての人に適用されます。しかも移住政策の成功は、社会的なことと同様に経済的利益をますますもたらします。すでに私たちの国は非常に大きな挑戦を克服し、ますます成長していることはまったく疑う余地がありません。

(Es steht völlig außer Frage, dass der Zuzug so vieler Menschen uns noch einiges abverlangen wird. Das wird Zeit, Kraft und Geld kosten – gerade mit Blick auf die so wichtige Aufgabe der Integration derer, die dauerhaft hier bleiben werden. Dabei wollen und müssen wir aus Fehlern der Vergangenheit lernen. Unsere Werte, unsere Traditionen, unser Rechtsverständnis, unsere Sprache, unsere Gesetze, unsere Regeln –sie tragen unsere Gesellschaft, und sie sind Grundvoraussetzung für ein gutes, ein von gegenseitigem Respekt geprägtes Zusammenleben aller in unserem Land. Das gilt für jeden, der hier leben will. Von gelungener Einwanderung aber hat ein Land noch immer profitiert – wirtschaftlich wie gesellschaftlich. Ebenso steht völlig außer Frage, dass unser Land schon so viele große Herausforderungen gemeistert hat und noch immer an ihnen gewachsen ist.)

私は、多くの人の流入と融和するための大きな課題が正しい未来へ導くためのチャンスだと確信しています。なぜなら私たちには素晴らしい市民参加と政治的措置の包括的概念があるからです。

(Ich bin überzeugt: Richtig angepackt ist auch die heutige große Aufgabe des Zuzugs und der Integration so vieler Menschen eine Chance von morgen. Denn wir haben ein großartiges bürgerschaftliches Engagement und ein umfassendes Konzept politischer Maßnahmen.)

来年は私たちの団結が特に重要になるでしょう。私たちは他者との議論同様に、配慮や機会を判断する場合自分だけでなく、他者に耳を傾けることが重要です。私たちは分断しないことが重要です。世代の分断、社会的分断、そして地元市民と移民市民を分断させてはいけません。ドイツはドイツ人のためだけにあると訴えるような他者を排除する増悪に満ちた心の持ち主に従わないことが重要です。また私たちは将来自らの最善を尽くして得られる成功の喜びで、自由で、同胞的で、世界に開かれていることを自ら認識する国になることを願わなくてはいけません。

（Auch im nächsten Jahr kommt es ganz besonders auf eines an:auf unseren Zusammenhalt. Es kommt darauf an, dass wir immer auch den Argumenten des anderen zuhören, auch wenn er Sorgen und Chancen anders gewichtet, als man selbst es tut. Es kommt darauf an, dass wir uns nicht spalten lassen. Nicht in Generationen, auch nicht sozial und nicht in “Alteingesessene” und “Neubürger”. Es kommt darauf an, denen nicht zu folgen, die mit Kälte oder gar Hass in ihren Herzen ein Deutschsein allein für sich reklamieren und andere ausgrenzen wollen. Es kommt darauf an, auch in Zukunft ein Land sein zu wollen, in dem wir selbstbewusst und frei, mitmenschlich und weltoffen sind – mit der Freude am Gelingen, mit der Freude, die es machen kann, wenn wir unser Bestes geben.）」

しかしその日の深夜ケルン市で多くの女性が集団暴行され、暴行者に北アフリカの難民申請者が含まれていたことから、１月中旬の避難民政策に対するメルケル支持は公共放送

ＺＤＦ世論調査で政権誕生以来最低の39パーセントまで低下し、メルケルの辞職さえ囁かれていました。しかしメルケル人気は根強く、２０１６年2月19日のＺＤＦ世論調査では47パーセントまで回復してきています。

そしてすべてにおいて自己責任が求められる社会に生きる私たち日本人も、ヘイトスピーチから集団的自衛権と再び戦争の足音が聞こえてくるなかで、マザー・アンゲラの訴えに耳を傾ける必要があります。

＊１：２０１１年5月30日「メルケル脱原発宣言」(https://www.bundesregierung.de/ContentArchiv/DE/Archiv17/Mitschrift/Pressekonferenzen/2011/05/2011-05-30-pk-bk-bm-energiekonzept.html)

＊２：シュピーゲル誌43号（２００８年10月20日）(http://www.spiegel.de/spiegel/print/d-61366517.html)

＊３：筑波大学講演記録 (http://www.kokuren.tsukuba.ac.jp/overseas_offices/bonn_office/files/20111025_president_lecture.pdf)

＊4：２０１１年6月26日の「南ドイツ新聞」の「ヴルフはメルケルを非難する」というタイトル記事では、大統領ヴルフは、メルケル首相がＣＤＵの党議決なしに脱原発を決定したことを強く非難していると述べています。しかしドイツの国民の80パーセントは、大統領の非難を残念に思っていると同時に伝えています。（http://www.sueddeutsche.de/politik/vor-seinem-amtsjubilaeum-als-bundespraesident-wulff-geisselt-merkels-atomwende-1.1113897）

＊5：２０１１年7月10日のシュピーゲルオンラインの「ヴルフはメルケルのエネルギー転換にブレーキをかける」というタイトルの記事で、大統領ヴルフはインタビュで脱原発法案の綿密な調査に時間をかけることを望み、このような重要なテーマに政府が署名調印を急ぐことを批判していると述べています。（http://www.spiegel.de/politik/deutschland/0,1518,773513,00.html）

＊6：ＺＤＦが２０１３年8月13日に放映した『政権党首メルケル』の一部（https://www.youtube.com/watch?v=14KfS4RxQQc）

＊7：5月13日「秘密ではないが、すべては語られていない」のフォーカスオンライン記事。この記事左欄から20号の「メルケルの東ドイツＤＤＲでの過去（Die DDR-Vergangenheit der Kazlerin）」特集を読むことも可能です。（http://www.focus.de/politik/deutschland/merkel-ueber-ddr-vergangenheit-nichts-verheimlicht-aber-auch-nicht-alles-erzaehlt_aid_987405.html）

第4章 日本は今何処へ向かおうとしているのか？

アベノミクスという笛吹きが連れて行くところ

アベノミクスは安倍政権によってつくりだされた経済のように囃《はや》されてきましたが、最初から日銀支配も含めて官僚に丸投げの官僚支配であり、産業の要請でつくられたものに他なりません。

それは高度成長期と異なって世界のグローバル競争が加速するなかで、金融緩和で円安を誘導することが国際競争力を強化することになるからです。

すなわちお金をジャブジャブ印刷する金融緩和によって、1ドル80円を1ドル120円にすることで、輸出大企業には100ドルの商品を66ドルまで下げて売れるほど有利な状況がつくられ、歴史的収益を上げた大企業も少なくありません。

もっとも一般の国民にとっては、1000円の国際的価値が666円に減り、国民の所有する1400兆円の財産価値が933兆円に目減りしたことを意味しています。しかも企業はそのような国民の犠牲にもかかわらず、わずかな賃上げしかしないことに加え、非正規雇用規約の実質的撤廃でボトム競争を深化させ、円安による利益をほとんど従業員に還元していないと言っても過言ではありません。

すなわちアベノミクスを主導する安倍政権は、トリクルダウン理論で富める者が富めば、貧しい者にも自然に富が滴り落ちることを断言しましたが、実際はこの3年間連続して実質賃金が下がり続け、社会保障費の自然増半減に見られるように一般市民さえますます困窮を余儀なくされています。

しかも一時的に歴史的収益を上げた企業もゼロ金利に見るようにもはや金融緩和政策は機能しなくなるだけでなく、中国をはじめとする新興国の成長減速で経済展望も期待できなくなっています。

そうした中でアベノミクスが新たな「三本の矢」と称して出してきたのが、名目GDP

600兆円達成の「希望を生み出す強い経済」、希望出生率1・8実現の「夢を紡ぐ子育て支援」、介護離職ゼロ目標の「安心につながる社会保障」です。

しかしこの新たな「三本の矢」は、専門家の視点から見てもほとんど実現の可能性がなく、現実と逆さまのかなわない願望羅列であり、もはやエセスローガンと言っても過言ではないでしょう。

「原発汚染（水）はコントロールされています」、「賃金は上がります」、「景気はよくします」、「原発は安全を確保します」、「平和は守ります」がエセスローガンであったことはもはや歴然とした事実ですが、今回のスローガンは不可能を百も承知の目標であり、大衆願望をスローガンにするほど国民を見くびっています。

しかも政治家の不正は後を絶たないだけでなく、大企業の不正も次から次へとあふれ出してきています。

こうした原因は福島原発事故後も核燃料リサイクル計画に見るように、戦後の産業発展で構築した利権構造を温存することにあります。

本来であれば、原発安全神話構築で3基の原発のメルトダウンで取り返しのつかない事故を起こした日本こそが、ドイツのように脱原発宣言をし、エネルギー転換すべきです。

それはドイツからのメッセージでも明らかなように十分可能であり[*1]、太陽光発電や風力発電などの自然エネルギーの転換こそが地域の隅々まで活力を与え、それを通して現在の最大の負荷となっている利権構造を解体していくからです。

そのようにすれば穴の空いた金庫と言われる日本の財政も、消費税の増税なしに、ドイツのように市民と中小企業への大幅減税で消費を高め、財政均衡の健全財政を取り戻すことも可能でしょう。

しかし利権構造は官僚主導で築かれてきたものであることから、現在の体制のままでは不可能と言えるでしょう。

そのような現在の官僚支配体制は、本質的には健全財政よりも法人税減税などで産業活力を優先し、海外進出という新重商主義で乗り切ろうとしているわけです。

海外進出にはそれを守る普通の軍隊が必要であり、それゆえに憲法9条改正が求められているわけです。

それは「もはや世界のポリスではなくなった」と自ら述べるアメリカの片棒を担ぐことであり、TTPなどの自由貿易協定で終焉を向かえた化石燃料エネルギー産業の生き残りに加担することです。

すなわち例外なき規制緩和で、「すべての商品は最も安くつくれるところで生産されればよい」という競争原理最優先の世界分業再編成協定にもなり得るものであり、究極的には再編成によって世界支配の目論見が見えて来ます。

ポーランド独裁国家建設に見るファシズムが台頭する世界

21世紀の扉が開かれた頃はEU拡大で民主主義も拡大され、ヨーロッパ市民、さらには世界市民が願う平和と豊かさの機会平等が実現する時代の到来が期待されたものでした。しかしEUは創設の理念とは異なり、国際競争力強化のために競争原理を最優先したことから、強国と弱国の格差が拡大すると同時に、ひと握りの裕福な強者と貧困へと没落する多くの弱者を生み出してきています。

競争原理が最優先される新自由主義と呼ばれる社会では、すべてにおいて自己責任が問われることから、他者に対して不寛容であるばかりか、バッシングやヘイトスピーチといった憎しみの連鎖を引き起こしています。

それを如実に示したのは、昨年末のポーランドにおける急激な独裁国家建設への傾斜で

一人当たりの名目GDPの推移（1980〜2015年）

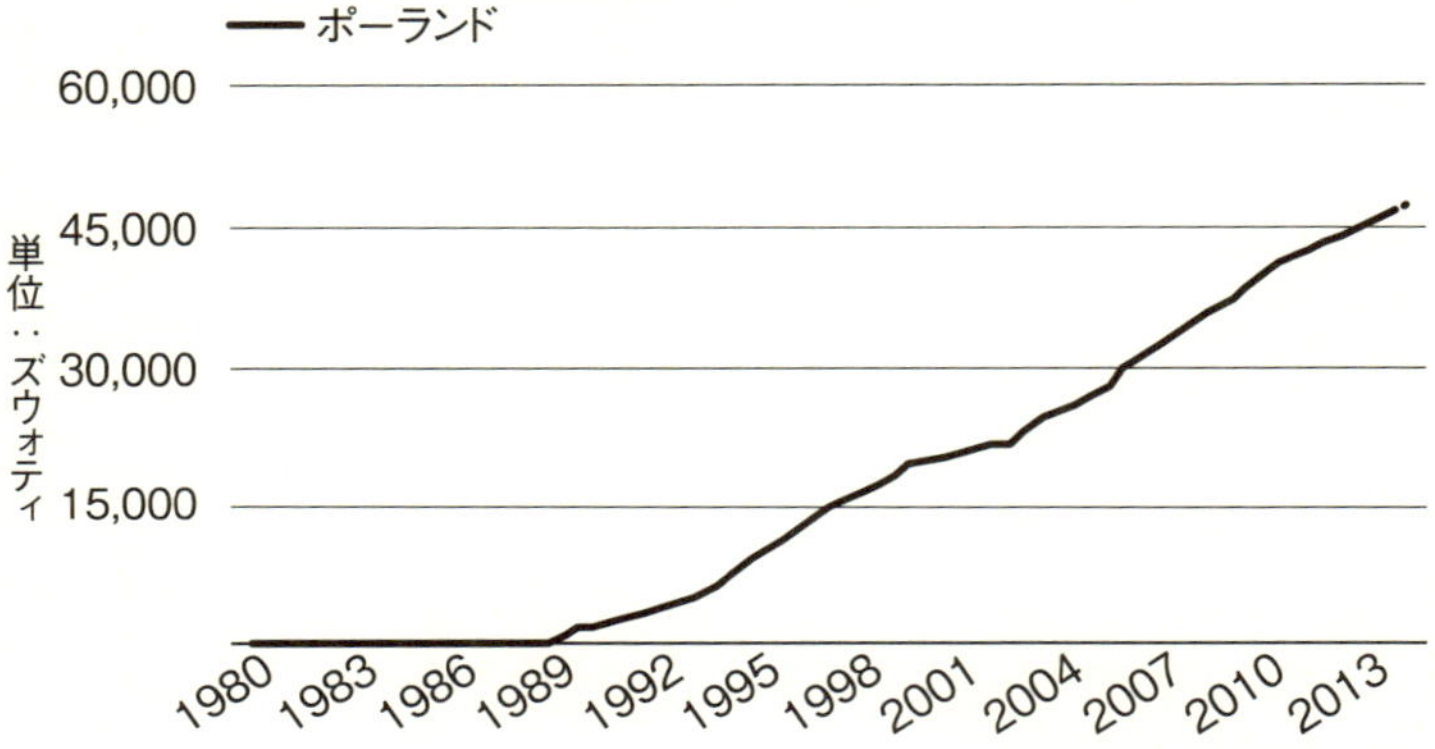

（出典：世界経済のネタ帳）

した。

ポーランドはＥＵの経済的優等生と言われ、国民一人あたりの実質的ＧＤＰ（国民総生産）は上の図に見るように（出典：世界経済のネタ帳）、１９８９年の転換以来鰻登りに上昇を続け、つい最近まで民主主義の成功国と見なされていました。

しかし実際には、利益の大部分を得ているのは大企業やひと握りの人たちだけであり、中小企業経営者から小規模農家、高齢者、そして大部分の若者はその恩恵を受けていないのも事実でした。

それゆえ経済成功と蜜着する穏健主義の保守党「市民プラットフォーム」が政治資金などで汚職が多発するなかで、汚職根絶の正義と減税や家族手当増大を掲げた右派政党「法と正義」PiSが2015年10月25日の総選挙で、熱狂的な若者支持のうねりを受けて大勝利しています。

この右派政党「法と正義」の大勝利を受けて（460議席の下院議会では138議席から235議席、100議席の上院議会では31議席から61議席）、10月29日のドイツの全国紙「ディ・ツァイト」は、「選挙：ポーランドは愚かな右派政権ではない（Wahlen : Nein, die Polen sind keine dummen Rechten）」の見出しで大勝利した理由を次のように書いていました。*2

第一の理由は、「法と正義」右派政党はポーランドの長年の上機嫌な新自由主義の後で包括的社会政策を提供したからである。もちろんこの社会政策にはたくさんの穴が開いており、どのように財源をつくるかも定かではない。おまけにすばらしい社会政策自体不安定であり、貪欲な市場がその効力を奪う。もっともポーランド選挙民がその社会政策に信頼の前払いをしたのである。なぜなら「法と正義」右派政党は、経済的及び政治的エリート層の新しい階級と異なる最大の敵対者以外のなにものでもないからである。

第二の理由は、「法と正義」右派政党は、新しい世代の比較的若い女性政治家を登用することで勝利した。43歳のドゥダがEU議会議員のポーランド代表選挙で最近順調に勝利し、今回の議会選挙では52歳のベアタが党を率いている。……最も決定的なのはドゥダとベアタが選挙者の委託を受けていることで、党首カンチスキーではないことである（本当はその背後で支配しているのが極右のカンチスキーという構図です）。

第三の理由は、「法と正義」右派政党は政治綱領から特に問題のある立場を除くことで、選挙民を政治的中心に据えているからである。カンチスキー兄大統領が亡くなったスモレスクの悲劇の陰謀について話す代わりに、年金について話すからである。政治的政争を話す代わりに、家族政策を話すからである。憲法改革の問題ある草案はインターネットのウェブサイトから取り除かれ、中間層に柔軟でより魅力的な路線のシグナルを打ち出しているからである。党の若干の強硬路線論者は、政治的核心からはずれた中間層取り込みの運動で期待を裏切られたが、「法と正義」右派政党は数百万の得票を得たからである。

この「ディ・ツァイト」の記事では、「法と正義」P・i・Sが選挙で掲げた社会政策が具体的に書かれていないので、ポーランドの有力紙「ポーランドジャーナル」をネットで見ると、[*3]「2015年議会選挙――PiSは多額の債務なしに、公約を守れるか」の見出しで、「すでに議会選挙の前に選挙公約実現のための予算を捻出できるかどうかに疑問を呈していました。子ども手当てとして月額500PLN（ポーランドズウォティ　約120ユーロ）、年金支給年齢の引き下げ（2012年に男性65歳、女性60歳からの支給年齢を67歳からに引き上げたが以前に戻す）、非課税額の8000PLNへの引き上げを公約にしており、数十億PLNの財源が必要だからです。政治家は解決策を見つけることができるか？」と批判的に問いかけてました（ただしすでにメディア支配で最新の記事は見られなくなっており、見られない可能性もあります）。

そしてこの「ディ・ツァイト」が暗示したように年末までには議会を通して、合法的に憲法裁判を実質的に機能しなくして立法権を奪い、公共放送を国家放送にすることで独裁国家建設を急ピッチで開始しました。

すなわち12月23日のZDFニュース[*4]は、「12月22日ポーランドで、10月にシリア難民受け入れ拒否を掲げ国民選挙で勝利した右派「法と正義」政権党が、憲法裁判所を実質的に無力化する法案を下院で深夜に、「（多数決こそ）民主主義、民主主義」と政権党議員たちが連呼するなかで強行採決した（憲法裁判で違憲判決をこれまでの過半数多数決から3分2多数決に変更し、15名の憲法裁判所裁判官の9名関与を13名関与に変更することで、憲法裁判所の機能を実質的に無力化した)」と、議会の騒然とした映像で報道していました。

また2015年12月30日のZDFニュースでは、ポーランド議会(下院)でのメディア改革決議を伝え、「メディア改革で「法と正義」政権は公共放送を国家文化機関に変えることを望み、第一段階としてこれまでの総裁の交替を決めており、国家機関のメディアがつくられることで彼らの政権選択は将来的により強い影響を及ぼす」と報道しました。

もちろんポーランドの憲法裁判所の無力化や公共放送の国家放送への改変は、すべてのドイツメディアだけでなくヨーロッパ中の多くのメディアが瞬時に報道しています。

例えば12月23日のドイツの大衆紙「ディ・ベルト[*5]」は、「ポーランドの政局の進展は独裁政権を思い出させる」との見出しでセンセーショナルに伝え、EU委員会は右派政権のブリュッセル召喚を報道しています。

また12月31日のドイツ保守リベラル大衆紙「フランクフルト新聞[*6]」は、「放送改革:ポーランド上院議会は問題のあるメディア法を承認」の見出しで伝え、「公共放送局にかわり財務大臣が以後代表委員と監視委員の就任と解任を決定する。批判者は、放送がより強く政府支配されると見ている」と報道しています。

このようにドイツやヨーロッパの国々で大きく報道されるのは、1933年に誕生したヒトラー政権が議会で合法的に全権委任法を可決し、独裁政権へと変貌していったからに他なりません。

ポーランド独裁国家建設ニュースが日本でほとんど無視される理由

しかし日本では最初まったく報道されず、翌年2016年1月5日に日経新聞電子版がフィナンシャル・タイムズ（2015年日本経済新聞社が買収した英国の日刊紙）の5日の「ポーランドの民主主義が危うい」という社説を載せ、「共産主義崩壊から四半世紀、ポーランドは中欧随一の経済国となり、民主主義と法の支配が旧ソ連の衛星国にも根付きうることを実証した。その進歩が今、危機にさらされている。保守政党「法と正義」の新政権が発足後数週間にして、憲法裁判所とメディアの押さえ込みを図る危険な措置を講じている」と報じたのが最初でした。

そして日本の公共放送NHKにいたっては、1月14日の電子版ニュース（NEWSweb）で「ポーランドの政府権限強化を懸念　EUが調査へ」のタイトルで紹介し、「ポーランドで去年11月に発足した保守系の政権は、先月、憲法裁判所の決定に必要な判事の同意を、これまでの過半数から3分の2に引き上げ、国内からは、合憲か違憲かを判断する条件を厳しくするものだとして反発の声が上がっています。また、今月には公共放送の現在の総裁を解任したうえで、新しい総裁は担当閣僚が決められるようにするなど政府の権限を強める法改正を相次いで行いました」と、まるでどのように報道したらよいか検討していたかのように、3週間以上経って報道する有様です。

問題は日本の新聞やテレビなどのメディアが、ドイツのほとんどのメディアがポーランド右派政権の憲法支配及びメディア支配を非難し、英国メディアでさえ（1月5日までには）右派政権の憲法裁判所とメディアの押さえ込みを図る危険な措置と断言しているにもかかわらず、このような重大なニュースをまったく報道しないことにあります。

もちろん報道各社やNHKには海外に多数の報道記者がいますし、当然取材がなされているはずですから、何らかの報道規制が図られていることは明らかでしょう。

特に今回のポーランドのニュースは国の根幹に関わることであり、誕生政権の憲法支配とメデイア支配は官僚支配の日本政府にとって他人事ではないはずです。

もっとも日本は憲法裁判所さえなく、戦後の民主主義開始当初から政府によって法が支配され（日本の最高裁判所がその役割を果たすと言われてきましたが、自衛隊などが憲法9条に違反していることは政治問題として判決を放棄していることから）、記者クラブなどを通してメディア支配されてきたと見るなら一変します。

それはまさに、欧米で非難されているポーランド独裁国家建設ニュースを通して、苦労してオブラートをかけてきた法支配やメディア支配が、ガラス張りに開かれては困ることを物語っています。

現段階では日本政府は、あくまで官僚に穏健な保守政権を通してアメリカ追従の新重商主義を推し進めようとしており、表向きには戦前のような官僚支配による独裁国家（大本営）への意図は感じられません。

しかし日本でも橋下徹氏の巻き起こしたハシズムが物語るように、アベノミクスのエセスローガンで国民を困窮させ、社会の不正と不信がさらに募っていけば、不正を正す若者たちを前面に立て独裁国家建設を開始しかねません。

すなわち日本でポーランド独裁国家建設ニュースが規制される背景には、戦前の軍官僚たちが、政治家と財閥の腐敗を正し、特権階級排除の理想国家（天皇国家）を掲げた青年将校たちによる二・二六事件を通して大本営を築いていったように、現在の官僚支配の日本政府にも大本営復活シナリオがすでに描かれているからではないでしょうか。

なぜ若者たちは独裁国家建設に連れて行かれるのか（1）

さらにポーランドの独裁国家建設開始理由をドイツの新聞で調べてみると、10月20日の「ディ・ヴェルト」の「ポーランドの若者は選挙前に再び右傾化する」という見出し記事がひときわ目につきました。*7

見出しのすぐ下には、ポーランドの世論調査機関ＣＢＯＳが最近出した「18歳から24歳までのポーランドの若者の政治的動向」の四半世紀に渡る調査グラフが載せてあり、1年前から右派支持が急激に増加し、この選挙前に若者の3分の1が右派を支持し、その12パーセントが極右で以前共産主義者や回教徒を敵視していたと解説されていました。

記事では、その傾向を身近に感じているクラカウ大学でドイツ語を教えるディトマ・ガスを取り上げています。

そこでは彼が翻訳テキストとして（1989年夏以降ポーランドジャーナリズムのリベラルな旗印である）ガゼタ・ヴィボルチャ新聞を使うと、学生たちはすぐさま白目をむきだし、む

ポーランドの若者（18歳〜24歳）の政治的動向

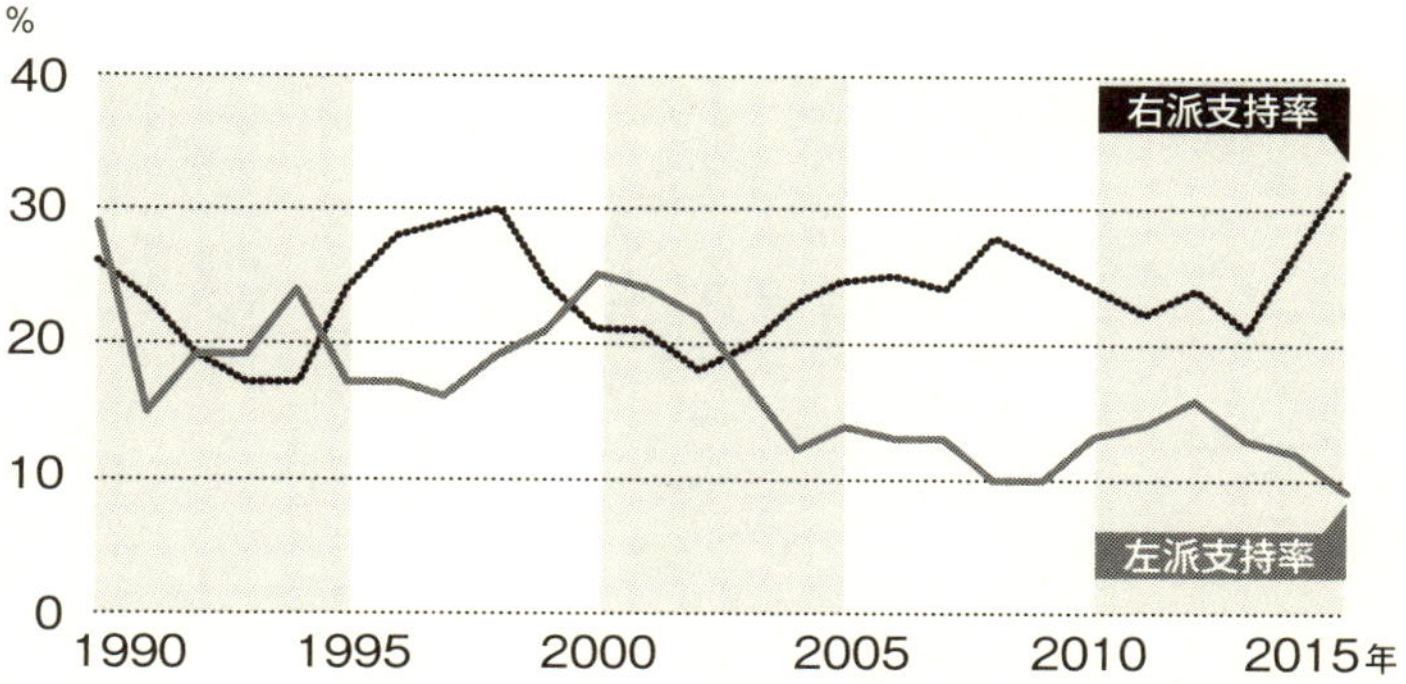

出典：ポーランド世論調査センター

しろ明らかに右寄りの雑誌を使うことを望むと書いています。

そのエピソードは世論調査グラフの歴史的経過であると指摘し、左派指導による１９８９年の資本主義転換は国民に自由、平等、友愛、希望を与えたが、その激変はすぐに失望に転じ、１９９８年には若者の右派支持が30パーセントに達したと述べています。もっとも２０００年のＥＵ拡大で再び若者の期待が上昇したが、格差社会拡大で失望へと転じ、対照的に２０１３年から右派支持が急激に拡大したと説明しています。またＥＵ加盟国連帯の避難民受け入れ政策に対して２０１５年５月の調査で国民の21パーセント反対が、８月には38パーセントに増加していることを指摘しています。

その理由の一端は、党首カンチスキーが「避難民受け入れは南ヨーロッパで忘れ去られた病気を呼び覚ます」と挑発し、強いポーランド化を求めると同時に、よそ者への憎しみにあふれた演説がインターネットで拡がっているからだと指摘しています。

さらにポーランド現代文学の著名な女性作家オルガ・トカルチュク（日本でも『昼の家、夜の家』、『逃亡派』で知られている）のニッケ賞受賞後のテレビ会見で、彼女が「ポーランド人は植民地主義支配者として、少国を苦しめてきた大国として、奴隷の支配者として、そしてユダヤ人の殺害者として隠蔽してきた歴史に目を向けなければなりません」と発言したことで、インターネット上で激怒のバッシングが始まり、何人かの人たちに殺人脅迫を受けたことを伝えています。

さらに記事は、彼女の殺人脅迫の後の「私は過去を悪霊化したいのではないのですが、最近の選挙戦での演説は非常に攻撃的であり、人々は記憶のすべてを保持すべきです」「私たちは独立性を有しており、以前よりある程度の政治的保障と経済的保障を有しています。それにもかかわらず、多くの人はよそ者への敵意をむき出しにし、それを道具に利用するのは驚くべきことです」という発言を載せていました。

なぜ若者たちは独裁国家建設に連れて行かれるのか(2)

ドイツ並びにヨーロッパのメディアがなぜポーランドの右派政権を独裁国家建設と危惧するのかは、急進的に右傾化する若者の異常な熱狂に、「ヒトラー・ユーゲント（青年団）」の幻影を見るからに他なりません。しかも誕生した右派政権「法と正義」は直ちに憲法支配とメディア支配を断行したからです。

さらに独裁国家建設を目論むカンチスキーを党首とする「法と正義」右派政権に、「青少年を掌握するものが未来を掌握する」というナチスの目論見と同じものが垣間見えてきます。

実際そのような目論見で始まった「ヒトラー・ユーゲント」はヒトラー政権が誕生した1933年1月には会員数5万でしたが、年末には爆発的増加で200万人に増え、入団が国家によって義務付けられた1936年にはすでに540万人に達していたと報告されています。

「ヒトラー・ユーゲント」では、貧困層などの階級層意識を越えた愛国的共同体精神が叩き込まれ、公正さを求める社会国家主義のナチズムが啓蒙されていました。すなわち絶望的に冷遇されている多くの若者は、ナチズムによって愛国心、正義感、未来への希望を鼓舞されたと言えるでしょう。

さらにナチズムの教義であるナチス25カ条綱領*8からは、公正さを求める若者たちが熱狂的にナチス・ドイツ独裁国家に絡め取られていった有様が浮かび上がってきます。

●精神的または肉体的な労働に従事することは、国家公民各人の第一義務でなければならない。各人の活動は、全体の利害に矛盾することを許されず、全体の範囲内において、且《か》つ全体の利益のために、行われねばならない。それゆえに、我々は次のことを要求する（第10条）。

●労働によらず、努力によらない所得の廃止。利子奴隷制の打破（第11条）。

●すべての戦争で国民に強いられる、おびただしい、財産と血の犠牲を思うとき、戦争による個人的蓄財は、国民に対する犯罪とすべきである。それゆえに我々は戦時利得の完全没収を要求する（第12条）。

●我々は（現在までに）すでに社会化された（トラスト）すべての企業の国有化を要求する（第12条）。

●我々は大企業の利益配当への参加を要求する（第14条）。

●我々は、健全な中産階級の創設維持と、大百貨店を即時、市町村有化してこれを小企業者に低料金をもって賃貸することと、国・各州または市町村に対する物品納入に関しては、すべての小企業者を最も敏感に考慮に入れることとを要求する（第16条）。

●我々は、国民の要求に適合した土地改革と、公益を目的とする土地の無償没収に関する法律の制定と、地代の廃止、あらゆる土地投機の防止とを要求する（第17条）。

●我々は、公共の利益を害する行為をなす者に対し、仮借なき闘争を行うことを主張する。一般の国民的犯罪人、投機業者、不正商人等は、その宗教および人種のいかんを問わず、死刑に処すべきである（第18条）。

●能力を有し、かつ勤勉なすべてのドイツ人に、より高度の教育をうけさせ、これにより、彼らを指導的な地位に進ませるためには、国家が、国民教育制度全般の根本的拡充について、考慮を払わねばならない。すべての教育施設の教課目は、実際生活の要求に適合すべきである。国家観念の育成は、理解力の始まると同時に、学校を通じて（国家公民科）行われねばならない。我々は、その階層または職業のいかんを問わず、貧困者の両親をもち、精神的に特に優れた資質を有する児童の教育を、国庫負担によって実施することを要求する（第20条）。

このような公正さを求めるナチズム（国家社会主義）の条項はマルクスの理想とした不正なき平等社会の実現に他ならず（社会主義国でも富の平等を力によって実行することから民主集中と呼ばれる独裁形態を必要とし、強固な中央集権ゆえに官僚腐敗と秘密警察支配で必然的に破綻したと言えるでしょう）、見かけは資本主義の形態を取りながらも、国家による社会主義を掲げていることは明らかであり、それを実現するためには力による強制が必要であり、必然的に独裁国家を誕生させたと言えるでしょう。

しかも国家が平等に分配できる富を得るために、植民地主義の海外進出を必要とし、第3条、及び第22条で強兵への思想を植え付けています。

●我々は、ドイツ民族の食糧供給と過剰人口の移住のために、領土と土地（植民地）を要求する（第3条）。

●我々は雇兵の廃止と国民軍の編成とを要求する（第22条）。

そして第4条ではユダヤ人を国家公民でないと断言し、第5条で「単に客員としてのみ、ドイツ国内に生活し得るに過ぎず、外国人関係法規を適用されねばならない」と排斥しています。

また第23条では、「我々は、新聞による、故意の政治的虚報およびその流布に対する法律闘争を要求する」とメディア支配を打ち出しています。

最後の第25条では、「ドイツ全国およびその組織一般の上に超越する、政治的中央議会の無制限な権威。ドイツ国が各州に対して公布した構成的法律を執行するための各階層会議所および各職業会議所の創設」を掲げ、ナチズム独裁国家建設を誓約してます。

そして今、そのような二度と繰り返されてはならない独裁国家建設がポーランドで公然と開始されるのは、競争原理最優先の新自由主義によって不正があふれ出し、格差が拡大するなかで、公正さと富の平等が希求されるからに他なりません。

なぜワイマール共和国はナチズム独裁国家を許したのか

そのような独裁国家へ導かれないためにも、当時世界で最も民主的な、優れた憲法を持つワイマール共和国がなぜ独裁国家を許したかを今一度考えてみなくてはなりません。

著名なドイツの歴史家セバスチャン=ハフナーは、「ワイマール憲法は、国民発案、国民表決を基本とし、大統領を国民投票で選び、国会も容易に解散することができた。つまり有権者の理性と責任に対してかぎりない信頼を置いたものだった」と述べています。[*9]

それは裏返していえば、現実を知らない理想に過ぎず、民主主義の未熟さを露呈するものです。実際1919年1月の極左派暴走による1月蜂起失敗を受けて誕生した社会民主党政権は、労働者階級を代弁する社会民主党（SD）と実業界の権益の擁護を代弁する人民党（PP）の対立が、20年代にはヴェルサイユ条約の苛酷な借金返済やハイパーインフレーションを通してたくさんの政党分裂を生じ、議会制民主主義政治がほとんど機能しない状態に追い込まれていきます。

林健太郎の名著『ワイマール共和国――ヒトラーを出現させたもの』（中公新書27）によれば、以下のように分析しています。

「政党がこのように国民的機能を果たさなかったとき、官僚と軍隊がこの共和国の最大の実力者となったのは当然であった。この両者は現代の国家にとって不可欠の機構である。そしてそれは本来、政治的な中立的なものであって、政治的勢力の懸命な指導のもとにおいてのみその正当な機能を発揮するものである。しかるに、もしそれがみずから国政を左右するものとなれば、元来上からの統制を本質とするこの機構が国民全般に強力な権威となって君臨するのは避けられぬところであった。……軍隊と官僚はナチスの奇矯な主張をすべて受け入れたわけではなかったが、ナチスの権威主義のなかに国民の混乱を救い得る有効な手段を認めてこれを擁護した。彼らの援助によってナチスは成長しかつ勝利した。しかしナチスはひとたび勝利を収めると、近代社会の基本原理をも社会の伝統的秩序をもまったく無視する暴力支配を確立したのである」（205〜206ページ）

この分析からは、軍隊も軍官僚が支配していることから、官僚支配がヒトラーを出現させ、官僚支配に丸投げのナチス独裁国家が誕生すると、暴力支配が止まらなくなったという実態が見えてきます。

なぜ官僚支配による暴力支配が止まらなかったのか

官僚支配による暴力支配が止まらないわけを、ここでは500万人ともいわれるユダヤ人を強制収容所へ輸送しホロコーストの実質的責任者だった官僚（保安警察ユダヤ人課課長）

アドルフ・アイヒマンを通して考えてみたいと思います。

アイヒマンは戦後アルゼンチンに逃亡し15年間暮らしていましたが、１９６０年5月11日にイスラエルの秘密警察モサドに拘束され、イスラエルでの裁判で61年12月15日に死刑判決がなされ、62年6月1日絞首刑になっています。

アイヒマンの裁判での証言は、ＺＤＦ制作のドキュメンタリー番組（日本語字幕付き）が今もユーチューブで見られ、[*10] 彼の一貫した主張は以下のセリフのように職務命令に従っただけだと述べています。

「私は自分の仕事を鉄のように固い意思でやり遂げただけです。だがそのあまりの悲惨さに心が痛み、配属先を変えてほしいと上司に何度も懇願しました」

このアイヒマンの主張については、ヒトラーの反ユダヤ主義政策でドイツから１９３３年にパリに亡命し、さらにアメリカに渡ったハンナ・アーレント（政治哲学者）がこの裁判を傍聴し、「アイヒマンは、怪物的な悪の権化では決してなく、思考の欠如した官僚でした。アイヒマンは、その答弁において、紋切り型の決まり文句や官僚用語をくりかえしていました」と、『ザ・ニューヨーカー』の連載レポートで書いています（『イェルサレムのアイヒマン』みすず書房刊に収録）。

そしてアイヒマンは、番組終盤の証言で「ユダヤ人に対する虐殺や絶滅計画は歴史上他に類を見ないほど重大な犯罪です」と断言し、「私にとって不幸でした。あのような残虐行為の遂行は本意ではありません。収容所の指揮を任せられたら断ることはできません。そこでユダヤ人殺害を命令されたら実行するしかありませんでした」と結んでいます。

絶滅計画の最終決定は、1942年のベルリン郊外のヴァンゼー湖畔の「ヴァンゼー会議」で、アイヒマンも含めた15人の各省庁担当官僚によって決められており、議事録の合意文章では、強制収容所へ輸送されたユダヤ人は過酷な強制労働に課し、最後まで生き抜いた者は適切な処置がなされなくてはならないことが記述されています。

しかしその会議での決定後ガス室の大量ホロコーストが実施されたことから、適切な処置という言葉で出された政令にホロコーストが示唆されていたと思われます。

そしてアイヒマンはその政令に従う以外に術がなかったと言えるでしょう。すなわち官僚はいったん出された政令に従うしか選択肢はなく、官僚の無謬《びゅう》神話を前提として出された政令には、止める手段がないと言っても過言ではありません。

もっとも敗戦直前の1945年上官ヒムラーからアイヒマンに中止命令が出されたとされていますが、いったん官僚組織で動き出した政令は上官といえども個人的決断では止めることができず、政令による正式な手続きが必要でした。なぜなら無謬神話の政令は下からの要請で築かれたものであり、いったん出された政令は肥大化する官僚組織を守るためにも止められないようにつくられているからです。

それは日本の高速増殖炉計画や核燃料サイクル計画が、ナトリウムを冷却材使用していることから安全面で困難という国際的見解を無視したものであり、継続は危険であるだけでなく莫大な費用を費やすにもかかわらず、いったん動き出した計画は止めることができないことと同様です。

しかも2002年に福島原発で炉心隔壁に多くのひび割れが見つかった際、検査職員が新聞記者に明かした偽装理由では「異常ありという報告書なんて受け取れない」という慣習の実体化を示唆しており、止められない、止めることができないということは、利益のためならば重大事故を引き起こすことさえ厭わない恐ろしいモンスターの出現を示唆しています。

事実、おびただしい数のエイズ犠牲者を招いた薬害エイズ犯罪では、アメリカからの通報でエイズウィルス混入の非加熱製剤が出回っていることを知っていた担当官僚、郡司製剤元課長の責任が問われました。しかし裁判では、政令に従い慣例通りに職務を遂行した郡司製剤元課長の罪を問うことはできませんでした。

郡司製剤元課長はその後、99年に自らＮＨＫ特別番組「薬害エイズ16年目の真実――川田龍平が郡司元課長に聞く」に出演し、恐ろしいことになる認識があったゆえに、エイズ委員会の立ち上げを止めようと必死に努力したと述べていました。そして無念さを圧し殺した川田龍平の必死の問いかけに、彼が苦渋に顔をゆがめて最後に出てきた言葉は「背後にあるもっと大きな構造」でした。

それこそが明治以来の政令によってこの国を支配する官僚支配であり、いったん動き出した政令は恐ろしいモンスターを生み出すとしても、この国が滅びない限り止められないと言えるでしょう。

それゆえにドイツでも、ホロコーストはベルリンやドレスデンが瓦礫となっても止められなかったのであり、戦後のドイツはその反省から司法を行政の法務省から完全に独立させ、一人ひとりの官僚の責任を厳しく問うことで、国益のための官僚支配から国民のための官僚奉仕に大転換し、万人の幸せを追求しています。

それに比べ現在の日本は、大本営というモンスターを生み出した旧態依然の官僚支配であり、このまま進めば、取り返しのつかない末路が待ち受けていることも明らかでしょう。

＊１：最近ドイツの環境保護と民主主義のシンクタンクである「ハイリッヒ・ベル財団」が日本へ無料送付して来た『エネルギー転換―ドイツのエネルギーヴェンデ（日本語版２０１６年３月８日発行）』は、日本も変わりうることを実証しています。（http://www.renewable-ei.org/activities/reports_german_energiewende_20160308.php）

＊２：２０１５年10月29日「ディ・ツァイト」記事。（http://www.zeit.de/politik/ausland/2015-10/polen-wahlen-demokratie-europa）

＊３：ポーランドの有力紙「ポーランドジャーナル」の選挙記事。（http://polenjournal.de/politik/490-parlamentswahlen-2015-kann-pis-die-versprechen-halten-ohne-viel-geld-auszugeben）

＊４：ＺＤＦニュース『ポーランド右派政権の民主主義破壊』。（https://www.youtube.com/watch?v=9aVdHwxplSw）

＊５：12月23日ドイツの大衆紙「ディ・ベルト」の「ポーランドの政局の進展は独裁政権を思い出させる」記事。（http://www.welt.de/politik/ausland/article150289414/Entwicklung-in-Polen-erinnert-an-diktatorische-Regime.html）

＊６：12月31日ドイツ保守リベラル大衆紙「フランクフルト新聞」の「放送改革：ポーランド上院議会は問題のあるメディア法を承認」記事。（http://www.faz.net/agenturmeldungen/dpa/polens-parlament-beschliesst-umstrittene-medienreform-13991900.html）

＊7：10月20日の「ディ・ヴェルト」の「ポーランドの若者は選挙前に再び右傾化する」記事。（http://www.welt.de/politik/ausland/article147842906/Polens-Jugend-rueckt-vor-den-Wahlen-nach-rechts.html）

＊8：ドイツ語原文は現在もネットで見られ、ここでは日本大百科全書ニッポニカの訳文を引用。

◆ナチス25ヶ条綱領（ドイツ語原文）（https://web.archive.org/web/20140719024113/http://www.dhm.de/lemo/html/dokumente/nsdap25/）

◆日本大百科全書訳文（https://kotobank.jp/word/%E3%83%8A%E3%83%81%E3%82%B9%2F%E3%83%8A%E3%83%81%E5%85%9A%E7%B6%B1%E9%A0%9825%E3%81%8B%E6%9D%A1-1614535）

＊9：『ドイツ現代史の正しい見方』草思社、瀬野文教訳。

＊10：アイヒマン証言映像。（https://www.youtube.com/watch?v=_5OxGVOIWFk）

第5章 ドイツから学ぶ民主的革命

ドイツの戦後の民主的革命

現在の日本は産業構造の行き詰まりから海外への新重商主義が求められ、戦前の治安維持法案にもなり得る特定秘密保護法案、戦争への歯止めもなくし得る安全保障関連法案がすでに議決され、これまで日本の平和を守ってきた憲法9条の改正が目論まれています。

憲法9条改正には現時点では国民の多くが反対していますが、若者が現在の格差拡大の不公平、不公正を募らせて行けば、平和憲法の陥落も見えてきます。

確かに目先だけを考えれば、軍隊という力で守られる新重商主義推進は日本の行き詰まりを開くでしょう。

しかしそれは戦前の富国強兵の過ちを繰り返すことで、現在の国連さえ機能しなくなるほどいたるところで争いの火種が吹き出してくる世界では、自らの未来を葬ることだと言っても過言ではありません。

そのような選択肢をとっているのは日本の官僚支配であり、官僚支配の目的は国益であり、国民の望むものとは異なるからです。すなわち国益とは、産業利益を追求することで、築き上げてきた利権構造、さらには肥大した官僚組織を守ることだと言えるでしょう。

それは国民の目線からすれば、官僚というエリートよるエリートのための支配であり、戦前の大本営に見られるようにまったく責任の所在はなく、その責任のツケは最終的には戦争で国民の命と債権放棄で支払うしかありません。

そのような官僚支配をナチズムの徹底的反省から180度転換させたのがドイツであり、戦後も官僚支配をそのまま温存させたのが明治に官僚制度をドイツから学んだ日本に他なりません。

戦前のドイツで官僚支配に歯止めがなかったのは、行政裁判所が行政に所属し、まったく機能しなかったからです（日本がドイツ帝国に官僚制度を学んだ頃宰相ビスマルクさえ議会に手を焼いていたことから、日本は議会に左右されない官僚支配をオーストリア帝国に学び、天皇の勅命で議会決議も乗り越えられる仕組みにしています。戦前の日本にもドイツ帝国から学んだ行政裁判所がありましたが、戦前のドイツ同様まったく機能していませんでした）。

戦後のドイツは基本法第19条4項で、「何人も、公権力によってその権利を侵害されたときは、出訴することができる」と明言し、国民の権利侵害保障を通して行政の責任を追求しています。

そのためドイツの行政裁判所は司法に属し、まったく行政に依存しない機関が行政の過ちを裁くようになりました。しかも行政訴訟の場合行政裁判所法99条で、行政が審理に必要な書類、文章などすべての証拠資料の提出を求められています。

さらに行政訴訟申請はファックスや葉書の殴り書きでも成立し、文字の書けない人でも裁判所に出向いて口頭で申し立てれば無料で書いてくれます。その上執行された行政に関わる手紙や面談記録などすべての証拠書類が提出されるため、弁護士の必要性さえないと言われています。

それは行政の無謬神話を基に実質的には責任が問われることのない仕組みから、徹底的に責任を求める革命的変化と言えるでしょう。すなわちこの責任が問われる革命的変化で、ドイツは官僚支配から官僚奉仕への転換を実現しました。

それゆえ様々な分野の審議会の委員も官僚が選ぶのではなく、国民の民意に沿って審議会委員が決められています。すなわち連邦、州、自治体での選挙における各政党ごとの得票率に応じて、各政党が推薦する専門家が選ばれる仕組みがつくられています。

そのような仕組みのなかでは、各政党は選挙民にアピールするため競って審議会内容を伝えることから、必然的にガラス張りに開かれるわけです。

さらにこのような戦後のドイツの民主的革命変化は、従来の国益最優先の政策から国民一人ひとりの幸せを追求する政策へと転換し、弱者を支える社会的市場経済を誕生させました。

そしてこのような仕組みがドイツでは構築されていたゆえに、ドイツ統一での新自由主義到来によっていったんは競争原理が最優先される強者支配の社会へと侵食されていきましたが、２００８年の金融危機以降再び国民一人一人の幸せを追求する社会が蘇りつつあると言えるでしょう。

今日本は何をすべきか

今日本は新自由主義を推し進め、戦前の富国強兵の道を繰り返そうとしており、今年２０１６年の参議院選挙、再来年の衆議院選挙で憲法改正が問われようとしています。

そのため主要野党は、憲法改正阻止、さらには日本の立憲主義を脅かし戦争に道を開く安全保障法の廃案を求めて連合し、ようやく連帯して本質的問題に取組もうとしています。国民が現在の進もうとしている新重商主義の目的、さらには戦争へと繋がる道を理解すれば、次の衆議院選挙までには、憲法改正だけでなく、日本の立憲主義に違反して成立された安全保障関連法を廃案にすることも可能でしょう。

しかし野党連合政権が誕生する場合、各野党の安全保障政策、脱原発政策、沖縄基地政策、ＴＰＰ自由貿易政策では各々異なり、政党間で合意を求めていくことは難しいと言えるでしょう。

このような政策を連合新政権で推し進めようとすることは、国益優先の官僚支配の下では不可能であり、たとえ野党間の合意ができたとしても、鳩山政権の際のように潰されることは必至です。

あれだけ国民の期待が大きく、選挙で大勝利した鳩山政権が崩壊していった経緯を思い出せば明らかでしょう。

新政権を創りだした小沢一郎は、政治献金が道路工事や開発事業では長年に渡り慣習化されているにもかかわらず、検察の西松建設疑惑で新政権入りをできなくされ、さらに秘書による資金管理団体土地購入問題で追い打ちをかけ、政権司令塔の役割が奪われたことはまだ記憶に新しいことです。

また脱官僚支配を公約として掲げた鳩山首相は、選挙前から指摘されていた母親寄付の政治資金問題が連日国会の場でまるで脱税巨悪の象徴であるかのように追求され、メディアの魔女狩り加担もあって、指導力がもぎ取られて行きました。

その結果、日本の政治を産業の側から国民の側へと大転換をはかる「コンクリートから人へ」の象徴であった八ッ場ダム中止宣言、国民参加の国民のための政治を求める事業仕分け、沖縄県外移設で新たな国際平和構築、さらには東アジア共同体構想も、無惨なほどに打ち壊されていきました。

日本においても、ドイツのように官僚支配から官僚奉仕への大転換するために、もう一度それらを検証して見たいと思います。

八《や》ッ場《んば》ダム中止宣言に見る官僚支配の不死鳥

２００９年9月16日の八ッ場ダム中止宣言は悪しき時代の終わりさえ感じられました。なぜなら当時建設中及び計画中のダムが１４３もあり、７割がほぼ完成している八ッ場ダムが中止になることは、ダム建設の終わりを意味するだけでなく、コンクリートによる土建国家から人に奉仕する国家への転換が期待されたからです。

すなわち道路やダム建設などのコンクリートによる、もはや不必要と批判される公共投資は、当時国と地方合わせて年間50兆円という莫大な財源が注ぎ込まれ続けられ（広大なアメリカに比較しても3倍を超える余りにも異常な額）、逆に必要な社会福祉費は債務増大で絶えず縮減が求められてきたからです。

そしてその悪しき公共投資の象徴が１９４７年吾妻川に開始された八ッ場ダム建設であり、官僚支配の実態を物語っています。*1

60年以上の年月をかけても完成しない理由は、住民無視の計画で当初住民の反対運動が強固であったことに加えて、建設を始めると硫黄による強酸性が余りにも強く、飲料水にも農業用水にもできないことで大きくつまずいたからです。

もしこれがすべての記録を漏らさず残すことが義務付けられ、それを行政訴訟ですべての記録提出が求められるドイツであれば、その時点で中止されたはずです。

しかし無謬神話が今も生き続け責任が問われることのない日本では、その後の高速増殖炉「もんじゅ」や核燃料サイクルがいかに危険で無駄遣いであるかを退職担当官僚や多くの専門家が指摘しても中止されないように、八ッ場ダムも決して止まることがありませんでした。

すなわち住民の強固な反対も年月をかけ移転費用増額といった札束攻勢で徐々に切り崩され、強酸性水質も中和するための石灰工場やダム湖を設けることで事業は継続されて行きました。

もっとも、強酸性水質にはヒ素が含まれていることから、中和したヒ素を含む石灰が微生物によって猛毒のアルシンガスを発生する可能性が指摘され、さらに水の需要が年々減り続けるなかで多くの学者や専門家が治水、防災などにほとんど役に立たないと明言するようになったことで、吾妻川本体工事は延々と手がつけられなかったことも事実です。なぜなら権限を持つ官僚の任期中に工事を完成させ、指摘されているようなことが起きれば道義的責任だけでは済まされないからです。

それゆえに官僚の天下り先として長年利用され、2007年の民主党長妻昭の情報公開申請で国土交通省が出した資料では、2004年前後で国土技術センター、㈶ダム水源地環境整備センター、㈶ダム技術センターなど八ッ場ダムに関わる公益法人7団体に04年現在で25人、同ダムの建設工事を落札した土建会社やコンサルタント会社など企業37社に2003~05年の間に52人、さらに随意契約業者57社には99人、合計176人の国交省OBが天下っていました。*2

そのように延々と先延ばされ、本体河川工事以外の取付道路などの工事がほとんど終了している八ッ場ダム建設が政治主導で中止宣言が出されると一変しました。

その理由はダム建設が政治主導で中止されれば、それを通して明治以来延々と続けられてきた官僚支配が崩されかねないことから、見かけは粛々と服従するかのように振舞うなかで、すべてを総動員して攻撃に転じていきました。

すなわち9月23日の前原国交相の長野原町の八ッ場ダム建設予定地の視察では、長い年月で懐柔を余儀なくさせられた水没予定地区の住民を前面に立て、「中止ありきでは話はできない」との意見交換会拒否、さらには大沢群馬県知事、長野原町の高山欣也町長ら地元行政代表者8人の「地元は国の執拗な説得で、首都圏を洪水から守ろう、水がめになろうと苦渋の決断をした。1都5県と協議をした上で今後の方針を決めていくべきだ」との強い中止白紙撤回要求がされました。

そしてこの要求を受けて10月27日に開かれた6知事との会談では、前原国交相は建設中止の基本方針は堅持すると明言しながらも、「徹底的に情報公開し、知事から意見を聞く。しっかり再検証して最終的な結論を得る」と約束します。*3

その約束を待っていたかのように再検証の有識者会議が県知事たちのペースで進み（実際は国交省官僚たちが書いたシナリオで進んだというべきでしょう）、京都大学名誉教授の中川博次を座長とする専門家9人が県知事たちの意向で人選され、2009年12月3日の第一回有識者会議開始から官僚シナリオで引き延ばしと骨抜きが図られ、2010年8月の17回の会議で、ダム建設推進に有利な「ダム検証ルール」を決定しています。

この「ダム検証ルール」決定こそ、官僚支配の行政手法の容認に他なりません。

そして2011年9月13日国交省関東地整が、過大な水需要予測を基に科学的根拠なしに治水効果を従来の2・6倍に引き上げ、60年間無被害にもかかわらずダムがない場合毎年4820億円の洪水被害が出るといった「八ッ場ダムが最も有利」とする検証結果を公表し、最終的には民主党政権が２０１１年12月22日にダム建設中止宣言を自ら破棄し、ダム再建を宣言しました。

このような原因は、民主党政権が官僚たちの求める地元の合意にこだわり、本気で官僚支配と正面から戦おうとしない政府の弱腰にあります。

しかし前外務大臣の田中眞紀子が外務省を伏魔殿と呼び、臨海副都心開発見直しを掲げた青島幸男東京都知事も結局官僚組織丸なげに追い込まれたように、[*4] また環境保護に信奉する堂本暁子さえも、千葉県知事になると八ッ場ダム建設を容認せざるを得なかったように、現行のままでは戦うことさえ難しいと言えるでしょう。

なぜなら官僚支配に服従しなければ公約したすべての政策で妨害されるだけでなく、あらゆる手法で引き降ろされかねず、たとえ田中康夫前長野県知事のように県幹部官僚を政策支持を表明する若手官僚にすげ替え、一時的に成功しても、ゾンビのように官僚支配が復活するからです。

開かれた国民のための「事業仕分け」が終了させられた理由

民主党政権の「事業仕分け」は、自らの政党公約（マニフェスト）を実現するための財源（無駄と埋蔵金で20兆円捻出）探しであったとしても、国民を予算編成に関与させる画期的取り組みであったことは確かです。

「事業仕分け」は情報が官僚などによって編集されることなく、ガラス張りに生中継され（ビデオでも自由に一つ一つの事業仕分けが見れ）、ほとんどすべての国民を政治に引きずり込んで行ったからです。*5

実際２００９年11月10日から始まった第一回「事業仕分け」は、事業が国と地方自治体の重複や官僚の天下り先となっている行政特別法人が対象にされ、国の予算から支払われるその基金が多くの事業で廃止、見直しされました。

確かに事業当事者たちにとって1時間での議論判定は、独裁的横暴であるという激しい批判もありましたが、以下のような5原則厳守で開かれた国民の参加する国民のための政治に道を開くものでした。

①現場に通じた外部の視点の導入（予め外部専門家によって問題の事業が、無駄な予算削減目標で膨大な資料に基づき事業シートで検証されていた）

②全面公開（公募による民間事業者を通してネットで生中継され、各項目事業議論がビデオで見られ、国民に対してガラス張りに開かれたものであった）

③同一フォーマットの事業シート作成（各評価者が評価シートに評決内容と理由を記載し、公表された）

④明確な結論（取りまとめ役がそのような各評価者の事業評価シートを即時集計し、廃止、大幅削減などの明確な結論が出された）

⑤プロセス重視（最初に当該事業の官僚職員が事業シートに基づき要点の説明及び反論がなされ、評価者が当該事業者の官僚に質問及び論争、評価シート作成するといったプロセスを重視していた）

もっともこれらの評価者は首相が指名した有識者と、ほとんどが民主党議員であるという批判は免れられないとしても、あくまでも国民に提示する判定であることから、国民による国民のための民主主義を担保していました。

すなわちその判定は国民世論に委ねられ、国民世論を力にして行けば実際に予算編成権を持つ財務省も無視できず、内閣の政治判断で従来の利権構造に追従する予算編成から、国民参加の国民のための予算編成に変えることも可能でした。

実際第一回「事業仕分け」直後の産経新聞社とＦＮＮ（フジニュースネットワーク）が実施した合同世論調査では、２０１０年度予算の概算要求の無駄を削る行政刷新会議の事業仕分けを評価する回答が９割近くに上っていました。

そこでは「行政の無駄の洗い出しに役立つ」と答えた人が88・７パーセントにも達し、「毎年行うべきだ」も85・２パーセントと驚異的な評価を示しています。それはどのように財務省が抵抗しても、国民世論が賛同する「事業仕分け」の判定こそが国民参加の政治を実現する第一歩ともなり得ることを実証しています。

しかしこのような大成功であった「事業仕分け」も、明治以来官僚支配してきた側からすれば、国民の前に丸裸にされた存続危機以外の何者でもなく、生存権をかけた戦いを繰りひろげていきました。

官僚側の勝利は、すでに２０１０年４月、５月に開かれた第二回「事業仕分け」で、民主党の政務官や副大臣が一転して省庁の官僚側に転じ、かばい役を演じたことからも明らかでした。

それでも10月27日から30日に開かれた特別会計を問う第三回「事業仕分け」前半では、民主党政権に起死回生を期待して集う人も多く、私自身初日を傍聴するほどでした。

しかし、その期待に反して民主党の政務官や副大臣の懐柔はさらに進み、かばうだけでなく、評価者の攻撃的質問には怒りをあらわにする場面も目撃されました。

例えば孤軍奮闘する評価側の蓮舫行政刷新担当大臣が莫大な借金を抱えた国有林事業特別会計を一般会計化することを鋭く追求すると、筒井副大臣が自ら理由説明を始め、担当官僚に聞きたいと要望しただけで、「何んでこちらが答えちゃだめなんですか、……」と怒りをあらわにする様には、官僚支配への点数稼ぎと同時に民主党政権の終わりを予感せずにはいられませんでした。

しかしながら総括すれば、これまで密室で行われてきた予算編成の査定を国民の前にさらけ出した意義は大きく、「仕分け事業」を主導してきた行政会議メンバーの片山善博（前鳥取県知事）は２００９年11月28日の毎日新聞「（第一回）事業仕分け終了」の特集で以下に述べているように、継続で進化させて行けば官僚支配克服も見えてきたでしょう。

「仕分け人の質問に、しどろもどろになる役人が多かった。各省の審議会のように根回し済みの場では意気揚々としているのに、公開の真剣勝負では胸を張って話せない。天下り法人への補助金で官僚ＯＢの人件費をまかなうなど、世間に説明できないことをやっているからだ。……現場で見たやり取りは常識的。細かい金額の査定は別だが、事業の目的と手法が国民のためになっているかどうかは1時間で十分判断できる。……だが、積年のウミは1、2回の予算編成では出し切れない。来年以降も進化させながら事業仕分けを続けるべきだ」

それは第三回の18の特別会計査定で埋蔵金どころか巨額の負債が国民の前にさらされたとき、専門家さえ見通すことができないほどいかに複雑に一般会計と18の特別会計が重複しているかが問われ、誰もが一目瞭然のわかりやすい予算会計への進化が求められたことにも見られました。

日本の国家予算は、一般会計と18の特別会計が複雑に重複されており、平成22年度２０１０年の一般会計92・３兆円で、特別会計総計３８１・４兆円との合計は４７３・７兆円となっています。そして複雑な重複部分を差し引くと、実質の日本の国家予算は合計２１５・7兆円と報告されていますが、現金の流れだけを記す単式簿記で書かれていることから、お金の出所や各々の会計の資産と債務の額はまったくわからない仕組みになっています。すなわち１０００兆円を超える莫大な負債がつくられた原因の一つに、負債予算編成の当事者である官僚しかお金の流れ（フロー）と財産（ストック）がわからない単式簿記継続にあると言えるでしょう。

その病根の中枢司令塔が財政融資特別会計であり、その闇部分が国民の前に晒されることを期待して傍聴しましたが、もはやすべてにおいて財務省主計局のシナリオで演じられる事業仕分けからは、絶えずディスクロージャーと健全ガバナンスが発せられただけで、まったく闇部分が解明されませんでした。

それでも事業仕分けにおける評価等を踏まえ、２０１２年１月24日に「特別会計改革の基本方針」閣議決定では、社会資本整備事業特別会計の廃止などにより、17会計から11会計に削減し、勘定も半減すること確約していました（11月の衆議院解散で廃案）。

しかし民主党政権が惨敗し、大勝利した安倍政権は２０１３年１月に国民に開かれた国民のための国民参加の事業仕分けを廃止し、廃止された特別会計は独立行政法人化することで見えなくし、財政投融資特別会計にいたっては債務から除外された財投債の自由な発行で、公然と実質的国の債務を肥大させ、官僚支配を支えていると言えるでしょう。[*6]

このような暴挙とも言える自由な財投債の発行も、「事業仕分け」が継続されていればできなかった筈です。なぜならドラキュラが太陽の光のもとでは力を発揮できなくなるように、官僚も国民にガラス張りで開かれる下では、官僚も支配力を失い、しどろもどろになって国民奉仕に徹するしかないからです。それこそが、事業仕分け廃止の理由に他なりません。

本当は日本の未来を切り拓く沖縄基地移設

鳩山民主党政権誕生の際大きな目標の一つが沖縄基地移設問題であり、「（移設先は）最低でも県外」を鳩山首相自ら明言し、その実現に命運が託されていました。

なぜなら鳩山首相は国会所信表明では、沖縄基地移設に直接触れていませんでしたが、「沖縄の方々が背負ってこられた負担」へ真剣に取組むことで、次のように日米の新たな対等関係構築と日本の未来を切り拓く東アジア共同体構想を打ち出していたからです。

「とりわけ、在日米軍再編につきましては、安全保障上の観点も踏まえつつ、過去の日米合意などの経緯も慎重に検証した上で、沖縄の方々が背負ってこられた負担、苦しみや悲しみに十分に思いをいたし、地元の皆さまの思いをしっかりと受け止めながら、真剣に取り組んでまいります」

「貿易や経済連携、経済協力や環境などの分野に加えて、以上申し述べましたとおり、「人間のための経済」の一環として、「いのちと文化」の領域での協力を充実させ、他の地域に開かれた、透明性の高い協力体としての東アジア共同体構想を推進してまいりたいと考えます」

日本の権力構造分析で内外から高い評価を受けているカレル・ヴァン・ウォルフレンは、こうした鳩山民主党政権の日米の新たな対等な関係構築に賛同し、日本のこれまでの二国間関係で果たしてきた役割を、「日本の病的と呼びたくなるほどの対米依存症と、日本には政治的な舵取りが欠如しているという観点から熟考する必要がある」と述べています。[*7]

さらに今日のアメリカは戦闘的な国家主義者たちによって牛耳られていると前置きして、「アメリカが、中国を封じ込めるための軍事包囲網の増強を含め、新しい世界の現実に対処するための計画を推進していることは、歴然としている。そしてその計画の一翼を担う存在として、アメリカは日本をあてにしているのである。かくしてアメリカにとって沖縄に米軍基地があることは重要であり、そのことにアメリカ政府はこだわるのである。しかしアメリカという軍事大国を維持するために、それほどの土地と金を提供しなければならない理由が日本側にあるだろうか?」とまで述べ、文末では「アメリカがこの問題について、相当の譲歩をせず、また日米両国が共に問題について真剣に熟考しないうちは、たとえ日本が五月と定められた期限内に決着をつけることができなかったとしても、日本に不利なことは何ひとつ起こりはしない」と提言しています。

すなわち彼の提言は、沖縄基地移設の粘り強い交渉継続こそが国際平和に貢献する対等な日米関係構築と日本の未来を切り拓く道であると示唆しています。

しかし日本の官僚組織はそのような鳩山民主党政権の沖縄基地県外移設に粛々と従うなかで、裏側では県外移設つぶしに暗躍していました。

外務省が2009年12月に公表した「基地問題で藤崎一郎駐米大使がヒラリー・クリントン米国務長官に2009年12月呼び出された」という報道は虚偽であり(2015年7月16日の琉球新報が虚偽性を検証)、さらに2010年4月19日の防衛省官僚や外務省官僚の官邸への訪問で明かされた「米側の移設先の条件は沖縄から65マイル(約104キロメートル)以内」という、徳之島移設を断念させた極秘内部書類も捏造されていたことが明らかになってきています。*8

このような恐るべき虚偽報道や偽装工作は米国からの圧力ではなく（米国は両方を完全否定していることから）、明らかに日本の官僚たちが平然と粛々と行ったと言えるでしょう。

なぜなら国際平和のための対等な新たな日米関係構築や東アジア共同体構想実現を掲げる沖縄基地県外移設を推し進めることは、アメリカという軍事大国を弱体化するだけでなく、追従することで戦後も維持されてきた官僚支配を壊すことになるからです。

すなわち明治のドイツからの官僚制度導入の目的は富国強兵であり、その目的に向かって進む際、官僚支配が欠かせないものとなり、水を得た魚のように勢いづくからです。それは国際平和を求める対等な日米関係構築や東アジア共同体構想が実現すれば、自ずと官僚支配が崩れ、政治主導へ変化するからとも言えます。

したがって外務省や防衛省の官僚組織は危機を察知して、沖縄の基地反対運動を潰すことに暗躍したと言えるでしょう。

そして沖縄基地県外移設の先導者であった鳩山由紀夫を首相の座から引きずり下ろすと、その後の民主党政権では辺野古基地移設に傾きます。さらに安倍政権誕生で2013年12月、仲井眞弘多《なかいまひろかず》沖縄県知事（当時）によって辺野古沖の埋め立て申請が承認されると、辺野古基地工事が2014年1月名護市長選挙、11月の沖縄県知事選挙の反対派勝利にもかかわらず、沖縄県民の民意無視で強行されました。

２０１５年10月13日翁長雄志《おながたけし》新知事が埋め立て承認には瑕疵《かし》（欠点、欠陥）があったという理由で仲井眞前知事による辺野古埋め立て承認を取り消すと、国側は10月29日この取り消しを「停止」し、すぐさま政府は埋め立ての本体工事に着手します。その結果沖縄県と国がお互いを裁判所に訴え、ますますエスカレートしていきました。

２０１５年11月１日のＮＨＫ日曜討論では、辺野古基地工事が強行されている現状が取り上げられ、成蹊大学教授の遠藤誠治は「日本の民主主義の質が問われている」述べ、「民意を沖縄対政府、沖縄対本土ということではなく、日本全体がこのようなかたちで工事を強行することについて共有して問題を考えていけるかどうか、政府はそうした国民の声が聞けるかどうか、そして聞いた上で代替案がつくれるかどうかが問われている」と指摘しています。

そのように沖縄基地移設問題が再び国民世論を二分するほど加熱するなかで、２０１６年３月４日、辺野古沖埋め立て承認の取り消しをめぐる裁判で、和解が成立しました。

裁判所の和解勧告では国側の強引なやり方を非難し、丁寧な協議での合意を求めていますが、合意が得られない場合双方が合意した「和解条項９」に従い再び訴訟がなされ、

「判決確定後は、直ちに、同判決に従い、同主文およびそれを導く理由の趣旨に沿った手続きを実施するとともに、その後も同趣旨に従って（中略）誠実に対応することを相互に確約する」とあります。

しかしこの和解勧告は司法が行政に属する日本では、これ以上エスカレートした県と国の攻防は国側が勝利するとしても官僚支配に有益ではないことから、八ッ場ダム建設に見られたように時間をかけて沖縄民意を切り崩し、知事もすげ替えるといった行政手法による長期的な攻略への転換と言えるでしょう。

なぜなら辺野古基地移設を強行すれば沖縄県民全体を敵に回し、国内世論も二分させ、官僚支配の足元さえ危うくなりかねないからです。それに比べ普天間基地移設が遅延しても日本の新重商主義政策及び米国の軍事政策に大きな問題はなく、辺野古基地建設も粛々と前向きに進めて行けば、数年もしくは数十年遅くなったとしても官僚支配にとって失うものよりも、天下り先を含めて得るものが多いからです。

しかし国民にとっては憲法解釈による集団的自衛権容認、さらには憲法改正を目論む官僚支配をこれ以上許していけば、日本の未来を閉ざすだけでなく、再び戦争に駆り出されることにもなりかねません。

＊１：「八ッ場あしたの会アーカイブ」参照。（http://kir588479.kir.jp/old/modules/news/index.php?page=archive）

＊２：２００９年９月日刊ゲンダイ「八ッ場ダム関連に国交省１７６人天下り！」記事参照。

＊３：「前原国交省大臣と八ッ場ダム関係１都５県知事との話し合い」議事録。（https://www.pref.gunma.jp/contents/000035766.pdf）

＊４：「臨海副都心開発――なぜ開発は継続したのか」日本学術振興会　砂原庸介（ＰＤＦ）。（http://www.geocities.jp/yosuke_sunahara/research/2006tosei.pdf）
15ページの「……、予算や大規模な計画の策定に当たっては専門能力を持つ官僚組織を動かす必要があり、現実的には特に知事によって統一的に提案される予算と複雑に絡んだ政策を提案することは困難であると考えられる」という分析がすべてを語っています。

＊５：事業仕分け第１弾動画（第一ワーキンググループ73本）国土・景観事業など。（https://www.youtube.com/watch?v=AfSsSWfI9pk&list=PLF49E721FD35E0C25）
事業仕分け第１弾動画（第二ワーキンググループ72本）厚生労働省事業など。（https://www.youtube.com/watch?v=48UW-b2MpqE&list=PL37872C64D64DE2EA）
事業仕分け第１弾動画（第三ワーキンググループ72本）農村事業など。（https://www.youtu

be.com/watch?v=QuFkcpI_1TE&list=PL588F439857A471BC）
事業仕分け第２弾動画（前半ＷＧＡ24本）独立行政法人。（https://www.youtube.com/watch?v=kneR1rL7eJQ&list=PLCDD5035E2461576C）
事業仕分け第２弾動画（前半ＷＧＢ24本）独立行政法人。（https://www.youtube.com/watch?v=sW158jKtVGE&list=PL98E3EDA654219CA6）
事業仕分け第２弾動画（後半ＷＧＡ25本）公益法人。（https://www.youtube.com/watch?v=-NCD14QiUHM&list=PLF8896106196CAD35）
事業仕分け第２弾動画（後半ＷＧＢ26本）公益法人。（https://www.youtube.com/watch?v=dhI4aRlyHyg&list=PL788BD817A6A0A476）
事業仕分け第３弾動画（前半ＷＧＡ21本）特別会計。（https://www.youtube.com/watch?v=huPwd7YrbBE&list=PL23A04B3CCA001D13）
事業仕分け第３弾動画（前半ＷＧＢ18本）特別会計。（https://www.youtube.com/watch?v=j9QWQFNPH2E&list=PL06D6B0AFA0555424）
事業仕分け第３弾動画（後半再仕分けＷＧＡ28本）。（https://www.youtube.com/watch?v=1_Hj6O2sXm4&list=PL9D4D1A6FC4C6E2AF）
事業仕分け第３弾動画（後半再仕分けＷＧＢ57本）。（https://www.youtube.com/watch?v=2sPar8sQPDg&list=PLA6BE5F2D8A0AABF6）

＊６：民主党政権の事業仕分けで、道路、空港、ダム建設などの独立行政法人へ財政投融資特別会計から財源が流れる仕組みの公開と縮小が求められたにもかかわらず、実質的な国債である財投債残高は１００兆円に達しており、私から見れば際限なく利権構

造維持に注ぎ込まれているように思えます（２０１５年新規発行国債36・９兆円、復興債２・９兆円、財投債14・０兆円……財投債は国の債務から除外されていますが、実質的には借金以外の何ものでもありません）。

＊７：「中央公論」２０１０年４月号掲載「日本政治再生を巡る権力闘争の謎」。（http://www.chuokoron.jp/2010/12/post_33.html）

＊８：「極秘文書」の存在・元首相鳩山由紀夫のインタビュー記事。（http://iwj.co.jp/wj/open/archives/287473）

２０１６年２月23日朝日新聞の極秘内部文章掲載記事。（http://www.asahi.com/articles/ASJ2Q5JR3J2QUTFK00M.html）

最終章

官僚支配から官僚奉仕
——日本の民主的革命

現在の日本の官僚支配は、戦後いかなる政権も否定してきた集団的自衛権を行使できる「安全保障関連法」を、時の政府が独断的な憲法解釈で成立させたことは、立憲主義の無視も甚だしく、政権が暴走し始めたと言えるでしょう。

暴走する原因はすでに述べたように、戦後の日本は大本営をつくりだす官僚組織が継続され、官僚組織並びに利権構造が再び肥大化して行き詰まり、もはや富国強兵・海外進出に立ち返る以外に道がないからです。

そのような暴走を止められないのは、日本の司法が行政（法務省）に属し、チェック機能が働かないいないからに他なりません。

ドイツでチェック機能が働く理由は、司法が行政から完全に独立しているからであり、日本もそのようにすれば、ドイツに見るように戦前の国益のための官僚支配から戦後の国民のための官僚奉仕に転換することも可能でしょう。

もっとも肥大化した官僚組織、そして利権構造のなかで、そのような転換を目指せば、鳩山民主党政権のように官僚組織からだけでなく、あらゆる分野からの攻撃も必至です。攻撃から守る最強の武器は透明性と公開であり、民意を力にしていけばどのような抵抗があったとしても、官僚支配から官僚奉仕への転換は可能です。すなわち余りにも不透明な日本の政治をガラス張りにし、民意で次のように決めていくことが、日本の民主的革命に他なりません。

①現在の司法を行政から完全に独立させ（法務省解体）、憲法裁判、行政訴訟裁判を公正に機能させる。すなわち司法独立関連法案（法務省解体法案）を国会で議決する。

●法務省に代わり司法を統括する機関は官僚のまったく関与しない第三者機関の司法運営委員会とする。*1 そして司法第三者機関の運営委員は衆議院選挙での各党の得票数割合で決められ、各党推薦の専門家からなる。すなわち100名の運営委員会で自民党の得票数割合が30パーセントであれば、30名の自民党推薦専門家が委員となる仕組みである。

●司法第三者運営委員会は議事録を公開するだけでなく、録画記録をネットに公開し、いつでも、誰でも見られるようにし（図書館でも見られるようにする）、国民の要望が運営委員会に反映できるようにする。

●行政訴訟裁判の国民申請は、ドイツのように無料で、殴り書き、もしくは口頭でも受理されるものとし、受理後は直ちに裁判所の審理を開始できるようにする。また憲法裁判所を設立し、市民が公権力に侵害された場合の違憲審査申請も簡易になされなくてはならない（ドイツでは毎年約50万件の行政訴訟がなされており、違憲審査も厳しい受理審査がなされるにもかかわらず５０００件にも及んでいる）。

②国民に奉仕する行政改革関連法案を国会で議決する。

●行政が政治に責任が持てるようにドイツを手本として行政施行では、担当官僚一人ひとりが責任を持てるように10年程の期限を設けて裁量権を下位に移譲する。

●公文書記録だけでなく、手紙などの私文書にいたるまで管理を徹底し、政治家、官僚指導を必要とする関与者、及び民間人との面談は完全録画ができる面談室で行うことを厳守する（これまでの慣習とされて来た料亭やゴルフ場などの接待面談を禁止する。すべての記録は行政訴訟の際裁判所に提出され、行政訴訟では弁護士さえ不要とされるドイツのように客観的事実で短期に結審する）。

●審議会や有識者会議の委員選考は官僚がするのではなく、民意を尊重して選挙での各党得票率に応じて各党推薦の専門家を起用する（各党は国民が議事録を読む必要のない程競ってわかりやすく公開することから、おのずとガラス張りに開くインセンティブが働く）。

●憲法改正、脱原発、ＴＰＰ自由貿易協定、及び今回提言した民主革命などの国民にとって重要な案件の審議会は公共放送でのテレビ生中継及びネットでの録画視聴ができるようにし、双方向性機能で各項目での賛否チェックで国民の民意が反映できるようにする。

③公務員の市民的自由関連法案を国会で決議する。

●タブー視されている公務員の政治活動を認め、日本の民主的革命の原動力とする（日本では公務員の中立性が求められ、神格化することで官僚支配の屋台骨を形成している。しかしそれが公務員の市民的自由を奪うだけでなく、日本の政治の民主化を大きく妨げている。ドイツのように行政職員、裁判官、教師さえ支持政党を表明することは、むしろ公務員の心にある政治的偏見をあらわにすることで、客観的に中立な職務遂行に役立つと見なされている。例えば行政職員であれば、記録文書は理由を付して書かれ永久保存されることから、支持政党表明という政治偏見をガラス張りにすることで公正な職務が担保されている）。

●自治体政治への公務員参加を日本の民主的革命の原動力とする（各分野の政治の欠陥を知り尽くしているのが各分野の公務員であり、例えば自治体レベルでの自治体議会を休日や夜間に開けば、市民の多くが傍聴できると同時に議員報酬は日当だけの名誉職ですみ、ドイツのように議員の半数近くが自治体職員や教師などの公務員であれば、土建などの業者のためではなく、自治体市民のための政治が実現する）。

●公務員の名誉職による政治参加が慣習化されれば、公的機関の退職公務員の登用も自ずと名誉職化され、天下りが根絶される。

④公正な民意育成関連法案を国会で決議する。

●公正な民意が育成されるように、学術的根拠に基づく批判及び情報を絶えず市民にわかりやすく提供する。政治から完全に独立した公的学術機関や公的研究所を設ける。

ドイツでは公的学術機関としてマックス・プランク研究所があり、フォーカス誌（2015年9号）が、「ドイツのエネルギー転換がヨーロッパの電力安全確保を脅かす」という挑発的記事を書き、2月20日フォーカス・オンラインを通して世界に発信すると、共同編さんするソラリフィー誌は詳細な根拠を提示して記事がプロパガンダであると明言しています[*2]。

また巨大電力企業のCO_2地下貯蔵技術を利用した褐炭火力発電計画が活発化すると、財源を連邦とベルリン州で折半するガラス張りに開かれた公的機関ドイツ経済研究所は膨大な調査研究を通して、2012年発表の「フィクションのCCTS技術……避けては通れないエネルギー転換で考えを根本的に改めよ」論文でフィクションと断定し、研究者のインタビューを通して国民にわかりやすく解説することで、公正な民意育成に努めています。[*3]

●公共放送NHKは、絶えず学術的根拠と倫理的根拠を追求を通して、公正な民意育成を目標に社会の理想を追求すべきである。そのためには時の政権首相による会長任命や理事推薦は明らかに官僚支配の目論見であり、すでに述べた公正な第三者機関で選出しなくてはならない。また現在のように非営利団体にもかかわらず、放送を地上波（総合・教育）、衛星（BS1・BSプレミアム）の4チャンネルを確保し、さらに書籍・雑誌の出版販売や各種講座の開催などで利益を追求をしている。そこには公正さより営業利益が優先されるリスクが内在しており、すでにその利益優先が多々指摘されていることから、そのような部門は民間事業として独立させ、公共放送であるNHKから完全に切り離し、国民の受信料だけで運営される健全な公共放送に誘導する。[*4]

●NHKはドイツの公共放送ZDFのようにすべての番組をネットで世界に無料配信し、世界の民主主義と平和に貢献するだけでなく、絶えず世界に理想を求め、学術的根拠と倫理的根拠提示の条件を満たせば自由に報道し、国内の公正な民意育成だけでなく、世界市民に理想求める民意育成に奉仕すべきである。

希望ある未来は自ら切り拓かなくてはならない

２０１６年６月23日の英国国民投票によるＥＵ離脱選択は日本にも大きな波紋を投げかけており、長期的な混迷は避けられません。しかし大きな視点で見れば、現在の競争原理を最優先する格差世界に本質的な疑問を呈するものであり、それは希望ある未来を切り拓く第一歩ともなり得るものです。

国民投票の結果を見るまでもなく既に、英国がＥＵを離脱する可能性が高いことは２０１５年７月15日放映のＺＤＦズーム『ヨーロッパは維持できるか？』[*5]の冒頭で、キャメロン首相の右腕オズボン財相が「英国民の抗議は砲身内早発である」と、国民選挙を見据えて危機を吐露していました。特に最後に描かれた英国では、右翼から左翼まで一致して離脱を望む実態が映し出され、著名な経済学者ロベルト・スキデルスキーをして「大部分の英国人はＥＵに拘束されたくなく、ＥＵ離脱を望んでいる」と言わしめるほど、離脱が望まれていました。

特筆すべきはEUの理念を希求する市民たちが、EUの緊縮財政（福祉予算の縮減）に激しく抗議し、「EUがいかに官僚的になり、非民主的になったか」をまくし立てEU離脱を支持していたことです。

すなわち今回の英国離脱は、本来はEUの理念回復のために結束を求めるべき人たちが、極右の国家社会主義（ナチズム）の正義を求める人たちと結果的に連帯して実現したことにあり、その深刻さは競争原理最優先で生み出された格差社会がナショナリズム延焼の戦前ヨーロッパへ回帰させていることにあります。

EUの創設はこの番組でも述べられているように、戦後「二度と戦争をしない」という永遠平和の目標の下に、1958年に前身の共通市場（ヨーロッパ石炭鉄鋼共同体）が創られ、それ以降ヨーロッパ市民の自由、平等、豊かさが求められてきました。

1991年のEUのマーストリヒト条約では、共通の経済体制を創りだすため完全な市場統合と、EU市民の平等と自由を創出するために国家を越えた理念ある政治統合が目標とされ、それを保証する欧州憲法創設が唱えられています。

実際そのような理念は京都議定書の前年、1996年のEUのCO_2排出量削減の取り決めで、ドイツのような産業先進国は25パーセント削減が義務付けられる一方で、逆に産業後進国のギリシャやポルトガルは各々排出量30パーセント増大、40パーセント増大が容認されることに見られました。

しかし経済的市場統合が93年に先行して実現すると、各国の利益追求で競争が激化されていき、2000年3月には競争原理を最優先する「リスボン戦略」が欧州理事会によって採択されることで、EUの理念はついえました。

2004年にEU加盟国25カ国で署名された「欧州憲法」は、リスボン戦略に沿うものであり、EU市民の平等と自由を保証する欧州憲法とはかけ離れたものでした。

それゆえ2005年フランスとオランダの発効是非を問う国民投票では、予想以上の大差で否決され、さらに批判はEU市民に拡がっていったことから、国民投票を必要とする「欧州憲法」は断念され、政府及び議会で採択できる現在の憲法となっています（2009年12月1日発効の欧州連合の法的根拠となる欧州連合基本条約とEU市民の基本的権利を定める欧州連合基本権憲章からなります）。

それはEU市民の承諾を受けていない憲法であり、当初のEUの理念であるヨーロッパ市民の平等と自由保証の欧州憲法を葬ったと言えるでしょう。

まさにその時がEU亀裂の始まりであり、競争原理最優先で弱国が生み出されるだけでなく、強国ドイツや英国でも激しい格差社会が生み出され、単に金融救済システムの設立で応急的に対処するだけで、本質的な問題が先送りされてきました。そのような先送りが、英国の右と左の実質的連帯でEU離脱を選択させたと言っても過言ではありません。

そのようにEU理念が喪失されていくのは、EUに集う政治家たちが3万人とも言われているロビイストに献金で支配され、英国の市民活動家がまくし立てるように「EUがいかに官僚的になり、非民主的になったか」に他なりません。それはEU委員会の組織がドイツの官庁組織のようにガラス張りに開かれていないからであり、EU全体としては競争原理最優先の化石燃料エネルギー産業に支配されているからです。

すなわち化石燃料エネルギー産業社会のなかで、格差や地域の存続危機といった本質的問題が絶えず先送りされ、さらに貧しい国から豊かな国への移民問題がナショナリズムを延焼させ、ますますEUの亀裂を深めていると言えるでしょう。

しかしもう一度第1章を読み返してもらえば、自然エネルギー産業社会への転換がそのような本質的問題の解消となることを理解できるでしょう。

そして自然エネルギー産業社会実現には、EUにしろ日本にしろ政治をガラス張りにすることが必要であり、「官僚支配から官僚奉仕」への転換を通して為し得るものと確信します。またこれは、自然エネルギー社会実現への道こそ行き詰まった技術大国日本を活かす道であり、ドイツと並んで日本が先頭に立って理想の未来世界を築いて行かなくてはなりません。それは他力本願でいてはいつまでも実現しないだけでなく、逆に化石燃料エネルギー産業社会による独裁支配を招くことを意味しています。それゆえに、特に若い人たちは自ら希望ある未来を切り拓くことが求められていると言えるでしょう。

＊1：ドイツでは司法全体を統括する第三者機関はありませんが、裁判官から審議会委員まで政治的に偏りのないように選出されています。例えば憲法裁判所の裁判官は連邦議会と連邦参議院から半数ずつが、党派議員数に比例するやり方の選出が定着しています。そのようなやり方はすべてにおいて戦後70年の歴史を経て定着したことから、新たに日本で官僚の関与しない第三者機関を創設する場合、国民にガラス張りに開かれた統括第三者機関が必要不可欠です。

＊2：ソラリフィー誌の反論記事。（http://www.solarify.eu/2015/02/20/283-energiewende-ist-derzeit-kein-exportschlager/）

「ソラリフィ誌は、そのような記事が究極的には外国から来る化石燃料巨大企業のプロパガンダと考えています。なぜなら、エネルギー転換が非常に電力料金を高くするという主張は悪質な嘘であるからです。再生可能エネルギーは、電力価格が既存のものと同等か、それより安くするというグリッドパリティをますます達成しており、従来のエネルギーよりも絶えず安くしているからです。一般的には現在の石炭、ガス、石油、そしてとりわけ原発に対するように、再生可能エネルギーに関してはそんなに容易にお金が提供されていません。もはや凄まじいエコへの熱狂に疑念を呈しないＩＥＡ（国際エネルギー機関：石油危機に対して１９７４年にアメリカ主導で設立された、クリーンで安価なエネルギーを提供するための諮問機関）は、２０１２年化石エネルギーには４０００億ユーロ（56兆円）の助成に対して、再生可能エネルギーにはわずか７５０億ユーロ（10・5兆円）しか助成されていないことを認めています。それゆえ、このような記事は本末転倒であり、非常にコストが高いエネルギー転換という擬装表現である。「ワニの涙に、誰ももう涙を流さない」、すなわちもう騙されないでしょう」

＊３：２０１２年ドイツ経済研究所のヒルシュハウゼン教授の発表論文「フィクションのＣＣＴＳ技術――避けては通れないエネルギー転換で考えを根本的に改めよ」の要約。「これからの20年間でＣＯ$_2$の分離はドイツの電力分野においてまったく役に立たないであろう。このことは、遅くとも２０１１年10月29日の巨大電力企業ヴァンテンフォールのジェンシュバルデ地区のＣＣＴＳ実験プロジェクト中止という環境大臣ノルベルト・レットゲンの公式報道以来明らかになっている。同様にヨーロッパ基準でも

目を覚ますべき調査結果がある。ヨーロッパの最初の6つのパイロットプロジェクトはまだ見極め期間で、CCTS技術で排出ガスを永続的に回避する目標をすべてで成功していない。多くのEU加盟国は2009年のヨーロッパCCTS技術指針を法案化しておらず、ドイツも同様である。今後20年でCCTS技術を意のままに使用することを今日まで期待する電力発電所プロジェクトは、このような背景から時代遅れと見なされるべきであり、経済的にも、気候政策的にも、エネルギー政策的にも意義のあるものではない」

そしてこの際のドイツ経済研究所のインタビュー「CCTS技術への6つの質問」の音声報道は以下のようであった。

①ヒルシュハウゼン教授、CCTS技術でもって産業や発電所から排出されるCO_2を分離、液化、輸送、地下に貯蔵しようとしている。2011年10月連邦環境大臣はこの技術の承認を拒みました。なぜでしょうか?

(Herr Prof. von Hirschhausen, CCTS - Carbon Capture Transport and Storage - nennt man das Verfahren, mit dem man CO2 aus Industrie- oder Kraftwerksabgasen abscheiden, verflüssigen, transportieren und unterirdisch speichern wollte. Im Oktober 2011 hat der Bundesumweltminister dieser Technologie eine Absage erteilt. W arum?)

これらの複合技術は技術的に余りにも難しいということが判明した。CCTSは他のCO_2防止技術よりも本質的によりコストがかかり、他の技術との対照をみると巨大産業で適用されたいかなる実績もない。それゆえ連邦環境大臣は将来に可能性のある他の分野の手段を投入するために、事実上時を得た決断をした。

(Es hat sich herausgestellt, dass dieser Technologiekomplex technologisch zu anspruchsvoll ist. Er ist wesentlich teurer als andere Vermeidungstechnologien, und wir haben im Gegensatz zu anderen Technologien noch keinerlei Erfahrungen in der großindustriellen Anwendung. Deshalb hat man jetzt wahrscheinlich noch rechtzeitig die Reißleine gezogen, um die Mittel in a nderen Bereichen einzusetzen, die zukunftsträchtiger sind.)

②ヒルシュハウゼン教授、例えば巨大電力企業ヴァンテンフォールの実験発電所〝黒いポンプ〟のようなパイロット計画では、どのような実績があるのですか？

（Welche Erfahrungen hat man in Pilotprojekten, wie zum Beispiel im Versuchskraftwerk "Schwarze Pumpe" von Vattenfall gemacht?)

コトブス市（ブランデンブルグ州）でのいわゆる酸素燃焼装置〝黒いポンプ〟は多くのプロジェクトの一つであり、30メガワットで相対的に小さい。確かにこの小さな産業レベルではコントロールされているが、装置は相対的に融通性がない。しかもそれは再生可能エネルギーに基づくエネルギーシステムが非常に重要である乗車、発車スピードに関与している。そのような理由で、ドイツにおける輸送と貯蔵は現実的でないということになった。

（"Schwarze Pumpe" bei Cottbus ist eines von mehreren Projekten und mit 30 Megawatt relativ klein. Es hat sich zwar gezeigt, dass die Prozesstechniken auf dieser kleinindustriellen Ebene beherrschbar sind, aber die A nlage ist auch relativ inflexibel. Das betrifft insbesondere die An- und Abfahrgeschwindigkeiten, die in einem auf erneuerbare Energien beruhenden Energiesystem extrem wichtig sind. Darüber hinaus hat man die Erfahrung gemacht, dass der Transport und die Speicherung in Deutschland nicht zu realisieren sind.)

③ヒルシュハウゼン教授、他のヨーロッパの国での実績はどのようでしょうか？

（Wie sind die Erfahrungen in anderen europäischen Ländern?)

この数年では実用的にネガティブな実績がある。産業分野から反論するパイロットプロジェクトや実証モデルプロジェクトの報告はない。それは英国のこれまで５年間の公示作業並びにポーランドやイタリアの停滞しているプロセスを含んでいる。北海の可能性のある貯蔵場所に比較的に近いオランダ自体が激しく反対している。それゆえ国を越えてヨーロッパにＣＣＴＳ輸送網を拡げる考えは除外されている。

(Es liegen seit einigen Jahren praktisch nur Negativerfahrungen vor. Es gibt auch aus dem Industriebereich keine Berichte von Pilot- oder Demonstrationsprojekten, die das Gegenteil zeigen würden. Das beinhaltet ein nunmehr 5-jähriges Ausschreibungs verfahren in Großbritannien sowie stagnierende Prozesse in Polen und Italien. Selbst in den Niederlanden, die relativ nahe an möglichen Speicher orten in der Nordsee liegen, regen sich erhebliche Widerstände. Deshalb ist die Idee, ein länderübergreifendes, europaweites CCTS-Transportnetz zu entwickeln, ad acta gelegt worden.)

④ヒルシュハウゼン教授、ＣＣＴＳ技術の断念は新しい石炭火力発電所にどのような結果を及ぼすのでしょうか?

(Welche Konsequenzen hat der Verzicht auf CCTS auf den Bau neuer Kohlekraftwerke?)

私は新しい石炭火力発電所はなくなると考えている。英国はいわゆる排出履行基準で新しい石炭火力発電所建設を機能するＣＣＴＳ技術と結びつけており、まだ建設されていない。ドイツにおいても立場は同じだろう。

(Ich denke, es wird keine neuen Kohlekraftwerke geben. Die Engländer haben in Form von sogenannten „ "Emission-PerformanceStandards" (EPS) den Bau neuer Kraftwerke an eine funktionierende CCTS-Technologie gebunden, die es jetzt nicht geben wird. In Deut schland sieht die Situation sehr ähnlich aus.)

⑤ヒルシュハウゼン教授、ブランデンブルク州にはすでにＣＣＴＳ技術装備の新しい火力発電所建設の具体的計画があります。ＣＣＴＳの拒否はブランデンブルク州及びそこに計画された石炭火力発電所にどのような意味を持つのでしょうか？

(Im Bundesland Brandenburg gibt es bereits konkrete Pläne für den Bau von neuen Kohlekraftwerken mit der CCTS-Technologie. Was bedeutet die Absage an CCTS für das Land Brandenburg und die dort ge planten Kohlekraftwerke?)

ブランデンブルク州は先駆者であり、産業と政治が共同で技術を発展することに多大な努力してきた。これらの努力が打ち切られ、それゆえにブランデンブルク州では新しい石炭火力発電所が建設されない。なぜならそこではＣＣＴＳ技術が使用できないからである。そのような結果ブランデンブルク州はすでに発表されている再生可能エネルギーに戦略を集中するであろう。

(Das Land Brandenburg war ein Vorreiter und hat große Bemühungen unternommen, gemeinsam mit Industrie und Politik die Technologie zu entwickeln. Diese Bemühungen sind abgebrochen worden. Deshalb wird es in Brandenburg keine neuen Kohlekraftwerke geben, weil es die CCTS-Technologie dort nicht geben wird. Damit wird Brandenburg seine Energiestrategie, wie bereits angekündigt, auf den Ausbau erneuerbarer Energien fokussieren.)

⑥ヒルシュハウゼン教授、今全体としてエネルギー政策の根本的考え方を改める必要があるでしょうか？

(Ist jetzt insgesamt ein energiepolitisches Umdenken notwendig?)

大部分の決定委任者はＣＣＴＳ技術がドイツやヨーロッパ基準に適合しないと

いう事実をすでに信用している。まだ委員会で相応する戦略報告が持たれるまでには検証期間を要するだろう。確実に連邦政府のエネルギー戦略は予想を超えて取り組まれている。ヨーロッパ規模でＣＣＴＳ技術なしのエネルギー転換が成功するように取り組まなくてはならない。

(Die meisten Entscheidungsträger sind bereits mit dem Fakt vertraut, dass CCTS auf deutscher und europäischer Ebene nicht kommen wird. Es wird allerdings noch eine gewisse Zeit dauern, bis das auch in die Gremien und die entsprechenden Strategie papiere Einzug halten wird. Mit Sicherheit ist die Energiestrategie der Bundesregierung zu überarbeiten. Auf europäischer Ebene muss man sich auch mit alternativen Strategien beschäftigen, wie man die Energiewende ohne CCTS gestalten kann.)

＊４：ドイツの公共放送は、９つの地方公共放送からなるドイツ公共放送連盟ＡＲＤともう一つの公共放送ＺＤＦからなり、ＺＤＦテレビ放送は世界の誰でもが無料で視聴できます。このようなＺＤＦの無料インターネットサービスは１９９６年から開始されており、２００６年にＺＤＦ社内から有料化案が浮上した際、「ドイツの公共放送は国民に開放される方法こそ模索されなくてはならない」というＺＤＦ管理評議会委員を兼ねる連邦文化・メディア大臣の発言で、現在も完全な無料化が実施されています。

　その背景には、ドイツでは公共放送は国民への奉仕と基本法の求める市民育成の義務、さらには世界の民主主義と平和に貢献するだけでなく、絶えず世界に理想を求めることを使命としているからです。

　公共放送の財源は国民の支払う負担金からなり、その６割がＡＲＤに配分され、残りの４割がＺＤＦに配分されています。２０１３年１月の受信料改正では従来の受信機所有の受信料徴収から公共放送サービスを享受する権利への負担金に変更されましたが、国民の支払う負担金は従来の月17ユーロ98セントから15年1月より17ユーロ50セントに値下げされています（生活保護家庭などは負担金免除）。

＊5：ドイツ公共放送ＺＤＦズーム『ヨーロッパは維持できるか？』(https://www.youtube.com/watch?v=P2tYFZ09i2g)

字幕を付ける際4部構成としました。

英国のＥＵ離脱については第4部に載せています。(https://www.youtube.com/watch?v=O4XK9GoMMts)

あとがき

心から戦争を望んいる人はいないでしょう。しかし平和のために、海外で活動する人を守るために、軍備を備えることで戦争が始まることも確かです。

私はブログ「ドイツから学ぼう」で「カントの理想実現」を20回に渡って書きましたが、カントは「常備軍の存在は他国の脅威となり、それによって軍事費が拡大されれば平和自体も重荷となり、戦争の原因となる」と明言しています。まさにアベノミクスの転じた安全保障関連法案は、戦争の原因をつくりだす法案と言えるでしょう。

私は代々数学者の家系に生まれ、曽祖父関口開は明治の始まりに西洋数学を紹介しています（「近代数学の父」という映像［https://youtu.be/YYbki2e6ng0］もあります）。

父やす夫は昭和15年4月に舞鶴の海軍機関学校数学教授に就任し、母と暮らしていましたが、昭和17年1月突然父は陸軍の歩兵83聯隊に招集されました。

本来は海軍で士官を育成している身であることから、30歳にもなろうとしている父が陸軍に招集されるはずはなく、祖父雷三への軍部官僚の見せしめであったようです。

数学者の祖父雷三は学習院中等科長を勤め、戦争に反対であり（開戦まではほとんどの学習院内部の関係者、さらには宮内省も戦争に反対であったと聞いています）、家庭でも「戦争は負ける」と明言していたそうで、息子である父が見せしめになったことは確かでしょう。

当時はそうしたことをまったく考えなかった父は、招集は間違いであり、即日帰郷できるものと信じて、朝いつものように家を出て行ったそうですが、結局舞鶴の家には帰れませんでした。

最近父の入営決定を知った際に母が祖父雷三に出した手紙が、父母の遺品を整理していて出てきました。

そこには、私の知らない母の即日帰郷という言葉の無念さへの思い、それでも気丈に振舞わなくてはならない思い、そして戦争の悲劇が感じられました。

父は歩兵83聯隊に配属され、すぐさま満州へ、さらに仏印、ボルネオ、スマトラと4年間転々としています。その間体力のない父はアメーバ赤痢やマラリヤを患い、生還はないと覚悟していました。祖父雷三は今の天皇が中等科へ入学する昭和19年辞表を強いられ、父と再会することなく昭和20年金沢の地で亡くなっています。そして父が生還した昭和21年の翌年に私が生まれました。

生前の父は戦場の話を一度もしませんでしたが、機関銃隊であったことから、絶えず耳がジーン、ジーンしていると訴えていました。そのように戦争に翻弄された父の生でしたが、生還後岡崎高等師範、名古屋大学、さらに定年後も愛知工業大学で教え、数学者の生を全うしました。

そうした父の生に比べて私の生は、父の配慮からか家系への縛りもまったくなく、中盤まで余りにも自由で怠惰でしたが、ゴルフ場開発反対にアンガージュマンすることで鼓動し始め、終盤体の衰えとは対照的に強さを増しています。

そして今、再び戦争という悲劇への分岐点が近づいて来ていることを感ぜずにいられず、なんとしても戦争の過ちを繰り返してはならないと思い、『ドイツから学ぶ「官僚支配から官僚奉仕」』を書き上げました。

２０１６年６月

関口博之

■著者プロフィール

関口博之（せきぐち ひろゆき）

1947年金沢生まれ。1966年愛知東海高校卒。1972年同志社大学工業化学大学院卒。1987年妙高で農的暮らしを始め、ゴルフ場開発に反対した時から再び学び始める。2007年還暦を機にベルリンに留学。ベルリン自由大学で聴講生として環境政策、フンボルト大学市民大学に参加して政治や地球温暖化問題を４年間学ぶ。それを土台にドイツのエネルギー転換、「官僚支配から官僚奉仕」をブログ「ドイツから学ぼう」や著作で訴えている。著書に『よくなるドイツ・悪くなる日本①　暮らしと環境』『よくなるドイツ・悪くなる日本②　政治と社会』、『ドイツから学ぶ「希望ある未来」』（地湧社刊）などがある。

ドイツから学ぶ
「官僚支配から官僚奉仕」
――日本の民主的革命

2016年9月20日　初版発行

著　　者　関口　博之
発 行 者　増田　圭一郎
発 行 所　株式会社 地湧《ぢゆう》社
〒101-0044 東京都千代田区鍛冶町2丁目5-9
電話　03-3258-1251／FAX　03-3258-7564
URL　http://www.jiyusha.co.jp/kaisha.html
編集協力　GALLAP
印　　刷　中央精版印刷株式会社

万一乱丁または落丁の場合は、お手数ですが小社までお送りください。
送料小社負担にて、お取り替えいたします。

ISBN978-4-88503-238-7